D1986109

Für Maria zu Weihnachten
falls Schwierigkeiten mit
der "hessischen" Sprache
auftauchen.

Samuel & Fee

Heckmann · Hessisch auf deutsch

Herbert Heckmann

Hessisch auf deutsch

Herkunft und Bedeutung hessischer Wörter

Bruckmann München

© 1973 Verlag F. Bruckmann KG, München
Alle Rechte vorbehalten
Einbandzeichnung: Kurt Halbritter
Herstellung: F. Bruckmann KG, München,
Graphische Kunstanstalten
Printed in Germany
ISBN 3 7654 1544 8

Ein Mundartwörterbuch kann heute lediglich eine Bestandsaufnahme dessen sein, was von einer Mundart noch übrig geblieben ist. Mein Versuch eines hessischen Wörterbuches ist eine solche Bestandsaufnahme, bei der ich jedoch die sprachliche Vergangenheit eines jeden Wortes mit berücksichtige. Ich habe mich auf das beschränkt, was ich in Recherchen als noch lebendig vorfand; zuweilen waren es nur die Älteren, die ein Wort noch kannten. Die Bezeichnung »Hessisch« für mein Wörterbuch verlangt eine landschaftliche Präzisierung. Mein Material stammt aus dem Frankfurter Raum (Hanau, Offenbach, Frankfurt, Darmstadt, Wiesbaden), aus der Wetterau, dem Vogelsberg und dem nördlichen Spessart. Das ist beileibe nicht ganz Hessen, aber man soll schließlich nur über das schreiben, was man aus eigener Erfahrung kennt. Daß jedoch ein Wörterbuch nur auf der Vorarbeit anderer Wörterbücher aufbauen kann, bedarf keiner weiteren Erläuterung. Unter den zahlreichen Wörterbüchern, die ich benutzte, möchte ich vor allem das Oberhessische Wörterbuch von Wilhelm Crecelius nennen, das 1897/99 zu Darmstadt in zwei Bänden erschien.

Mein Büchlein sei Heinz Zimmermann in Dankbarkeit gewidmet.

Gronau, den 23. September 1973 H. H.

A

Aal [M]* Anguilla vulgaris. Schlangenähnlicher Fisch mit scheinbar nackter Haut. Im übertragenen Sinn bezeichnet ›Aal‹ eine Person, die sich nicht festlegen läßt, die schwer zu fassen ist: ›glatt wie ein Aal‹. ›Den Aal beim Schwanz packe‹ (›cauda tenes anguillam‹) = ›sich mit einer Sache (oder einem Menschen) beschäftigen, die (der) einem stets entgleitet‹.

›Aal‹ (hochdeutsch ›Alte‹) ist jedoch auch der mehr oder weniger liebreiche Kosename, den ein Ehemann für seine Frau übrig hat (›mei Aal‹), umgekehrt aber auch die Frau für ihren Mann (›mein Aale‹).

aaranze(n) [Schw] ›jemanden anschnauzen‹, aber auch: ›jemanden unerwartet um etwas angehen‹. ›En Aaranzer‹ = ›ein Anschnauzer‹. (Umgangssprachlich heute: ›anranzen‹.)

Aas [S] (meist ›Oos‹ gesprochen), Pl. ›Eser‹, Dimin. ›Esi‹. Ein Wort, das in außerordentlich vielen Zusammenhängen gebraucht wird. Der Frankfurter Dichter Friedrich Stoltze nennt allein 21 verschiedene Bedeutungen von ›Oos‹.

1. ›Kadaver‹ wie im Hochdeutschen.

2. ›Schmutz‹. ›Aa Oos mache‹ = ›verdrecken‹. ›Mach net so e Oos!‹ (Heute nur noch selten gebraucht.)

3. Bezeichnung für Personen im allgemeinen. Die Inschrift auf einem Frankfurter Teller lautet:

›Sei lustig, dumm Oos,
Noch leidste kaa Not,
Du lebst ja so korz,
Unn lang biste dot.‹

---

* M = männlich
W = weiblich
S = sächlich
Schw. = schwach gebeugt
St. = stark gebeugt

4. ›Frau, Mädchen‹. Im ehelichen Umgang vom Mann sehr häufig benutzt, wenn der Haussegen schief hängt. Kann aber auch liebevoll zu verstehen sein, mit sexuellen Untertönen: ›Du Oos, komm her!‹ ›Oos‹ wird auch als Bezeichnung für ein Mädchen verwendet, das seine Reize einzusetzen weiß, daneben auch für Prostituierte und andere ›Bettlägerige‹. ›Die Eeser‹ = ›die Mädchen‹.
Im 19. Jahrhundert nannte man das Dienstmädchen ›Oos‹. So dichtete Friedrich Stoltze:

›Das alte Jahr vergangen ist,
Wir loben dich, Herr Maschinist!
Rick ebbes Bessersch an sei Stell,
Dann's war e Oos von Mamesell.‹

Bei ›Oos‹ als Bezeichnung für Frauen und Mädchen kommt es sehr auf den Ton an, in dem es gebraucht wird. Die Bedeutungsskala reicht vom übelsten Schimpfwort bis zur innigen Zärtlichkeit.
5. ›Mann‹. Ehefrauen, die ihren Mann sehr gut zu kennen und zu durchschauen glauben, nennen diesen gern ›des Oos‹ – was hier weniger zärtlich als im Munde des Mannes klingt.
6. ›Kind‹. ›Die klaane Eeser‹; ›Die Eeser gebbe ka Ruh‹.
7. ›Tier‹. Neutral, aber auch als Schimpfwort oder Kosewort verwendet. ›Die Eeser fresse nix.‹ ›Des Sauoos von en Hund.‹
8. Für Gegenstände allgemein. ›Des Oos will net brenne‹ (von einem Ofen). ›Des Oos will net aaspringe‹ (von einem Auto). – Alles kann zum ›Oos‹ werden, besonders dann, wenn etwas widerspenstig und schwierig ist.
9. Schimpfwort. ›Du dumm Oos!‹ Ernst Elias Niebergall in seiner Lokalposse ›Datterich‹ von 1841: ›Wort, Oos, ich will dich nichtern mache.‹ Der Ausdruck wird in zahlreichen Zusammensetzungen gebraucht, wie: ›Schinnoos‹ (Schindaas), ›Gewitteroos‹, ›Deubelsoos‹, ›Sauoos‹ etc., auch in Verbindung mit einem Adjektiv: ›lausig Oos‹, ›arm Oos‹, ›verdammt Oos‹, ›olwerich (albernes) Oos‹ usw. Auch hierbei kommt es sehr auf die Betonung und den Kontext an.
10. Kosewort. Die Diminutivform ›Eesi‹ verkehrt das Schimpfwort jeweils zum Kosewort: ›Goldich Eesi mit Worschtfettlocke‹, ›Steuweesi‹. (Dieses Kosewort hat eine keineswegs liebreiche Vergangenheit, waren doch die ›Steuweeser‹ jene Frauen, die im späten Mittel-

alter wegen übler Nachrede und ähnlichem öffentlich gestäupt wurden.)

11. ›Oos‹ in substantivischen Zusammensetzungen wie ›Ooskram‹, ›Ooszeuch‹, ›Oosding‹ etc.

12. Verwendung in Redensarten: ›Er ist dehinner her wie en Geier hinnerm Oos.‹ (Vgl. das lateinische Sprichwort: ›Si vultur es, cadaver expecta.‹)

Eines jedenfalls wird durch die vielfältigen Verwendungsmöglichkeiten von ›Oos‹ klar: Die Hessen neigen zu zärtlicher Ironie. Sie benennen das, was sie lieben, mit dem, was sie verabscheuen. Ob dabei nun sadistische Beweggründe mit im Spiel sind, sei dahingestellt. Tatsache jedoch ist, daß sie ihre zärtlichen Gefühle hinter ziemlich grobschlächtigen Ausdrücken verbergen.

aasig ›Aasich‹ oder ›oosich‹ ausgesprochen. Eigenschaft des Aases. Meist negativ gebraucht oder als Synonym für ›schwierig, kompliziert‹.

1. als Adverb: ›sich oosich benemme‹ = ›sich dumm benehmen‹.

2. als Adjektiv: a) Charakterisierung für Menschen. ›En oosiche Kerl‹ ist ein nicht vertrauenerweckender, widerspenstiger, schwieriger Mensch, mit dem nicht auszukommen ist. ›Oosich‹ kann aber auch ›gewitzt‹ heißen, ›mit allen Wassern gewaschen‹ (heute seltener). b) Bezeichnung von Gegenständen. ›Oosiche Dinger‹, ›oosiche Kram‹ im Sinne von ›schwierig, nicht leicht zu handhaben, unerfreulich‹.

abbrenne(n) [St u. schw] ›Abgebrannt‹ (›abgebrennt‹) bezeichnet nicht nur etwas, das ein Raub der Flammen geworden ist, sondern auch einen Menschen, dessen Habe verbrannt ist. Daraus entwickelte sich im 30-jährigen Krieg die Bedeutung von ›arm, ohne Geld und Habe, blank‹.

abluxe(n) [Schw] ›Abluxe‹ wird im Sinne von ›jemandem etwas abschwätzen, ablisten‹, mitunter auch von ›stehlen‹ verwendet. Hochdeutsch ›abluchsen‹ ist eine Intensivbildung zu ›ablugen‹ = ›abgucken‹. Ein schneller Blick garantiert dabei schnelles Handeln. Die ursprüngliche Bedeutung von ›lugen‹ = ›sehen‹ (englisch ›to look‹) ist in ›abluxe‹ nicht mehr gegeben.

äbsch, eebsch ›Äbsch‹ = ›abig‹ leitet sich von ›ab‹ her und bedeutet zunächst ›abgewandt‹ (›adversus‹). Mittelhochdeutsch bedeutete ›abec, ebic‹ soviel wie ›verkehrt‹. Im Hessischen wird ›äbsch‹ in verschiedenen Bedeutungen gebraucht:

1. ›verkehrt‹. Es sitzt ›äbsch‹.
2. ›linkisch, einfältig‹. ›En äbsche Kerl, der's Maul net uffkrieht.‹ ›Sich äbsch benemme‹ = ›sich töricht benehmen‹. ›Stell dich net so äbsch aa!‹
3. ›hinterlistig‹. ›Komm mer nur net äbsch!‹
4. ›böse, bösartig‹. ›Du äbscher Hund!‹
5. ›unwohl, unangenehm‹. ›Es is mer äbsch‹ = ›Mir ist unwohl.‹
6. ›blödsinnig‹. ›Babbel net so e äbsch Zeuch!‹
7. ›mürrisch, finster‹. ›Was mechste for e äbsch Gesicht!‹
8. ›zuwider‹. ›Des schmeckt äbsch.‹

achele(n) ›Achele(n)‹ im Sinne von ›essen‹ entstand aus dem hebräischen ›akhal‹ = ›essen‹. Das Wort kannte schon Johann Fischart (1547–1590), es ging ins Rotwelsch ein. Im Frankfurterischen bedeutet ›achele(n)‹ soviel wie ›mit Genuß essen‹ (›Gibt's was Gudes zu achele?‹), zuweilen wird es auch im Sinne von ›herunterschlingen‹ gebraucht. Das Wort, ehemals durchaus bürgerlich angesehen, ist heute seltener geworden.

Allmei(n) [M] ›Allmei(n)‹, zusammengesetzt aus ›all‹ und ›mein‹, bezeichnet einen habgierigen Menschen, der alles für sich haben will, vor allem jedoch einen, der alles allein essen und trinken will, der ›net genuch kriehe kann‹. ›No, waart, du Allmei!‹ (Friedrich Stoltze)

als Adverb, ›immer, immerzu‹. ›Als‹ – eigentlich eine Verkürzung von ›alles‹ – wurde schon im Mittelhochdeutschen in der Bedeutung von ›immer‹ gebraucht. ›Als schaffe‹ = ›immerzu arbeiten‹.

›Schuster,
Was brennt dei Lamp so duster!
Wär dei Fraa net so e Schlamp,
Dhet se Öl als in dei Lamp.‹
(Friedrich Stoltze)

Entsprechend heißt ›alsfort‹ = ›immerzu‹ und ›alsemol‹ = ›manchmal‹. ›Alsemol hat er recht.‹

Ank [W] ›Genick, Nacken‹. (Althochdeutsch ›anka‹ = ›das Genick‹.) ›Ich haach (haue) der a in die Ank.‹ ›Dem wachse de Haar bis in die Ank!‹

Arschkrott [W] (meist ›Aaschkrott‹ gesprochen). ›Kleines Kind‹, meist jedoch ›kleines, aufgewecktes oder wildes Mädchen‹. Kosewort wie Schimpfwort. (Althochdeutsch ›chrota‹ = ›die Kröte‹.) ›Krott‹ wurde zuerst als Schimpfwort für eine böse, giftige Frau, dann aber auch ohne negative Bedeutung als Bezeichnung für ein kleines Mädchen gebraucht. Das Diminutiv ›Ärschje‹ (›Ärschche‹) bezeichnet – meist als Kosewort – ein kleines Kind. Ein wichtiger Teil steht hier, wie in ›Arschkrott‹, für das Ganze.
›Die Arschkrotte und die Belch‹ = ›die bösen Mädchen und die bösen Buben‹. ›E goldich Arschkrott‹ = ›ein nettes kleines Mädchen‹. Schließlich kann ›Arschkrott‹ auch bewundernd ein reizvolles Mädchen bezeichnen. Beide Begriffe, ›Arschkrott‹ und ›Krott‹, werden nebeneinander gebraucht.

atze(n)
atzele(n) [Schw] ›stehlen‹. Zeitwort zu ›Atzel‹ = ›Elster‹, die als diebischer Vogel bekannt ist. ›Atzele(n)‹ wird besonders im Sinne von ›stibitzen‹ verwendet.

Atzel [W] 1. ›Elster‹. (Althochdeutsch ›agelastra‹, mittelhochdeutsch ›agelster‹, aber auch ›atzel‹.) Die Sprichwörter ›E Atzel mecht kaa Lerch‹, ›E Atzel mecht kaa Daub‹ bedeuten: ›Von schlechten Eltern kann man keine guten Kinder erwarten‹, oder allgemeiner: ›Aus Schlechtem wird nichts Gutes.‹
2. Im Frankfurterischen nennt man ein kleines Mädchen ›Atzel‹, besonders jedoch ein Mädchen mit dichten, lockigen Haaren (vgl. 3.).
3. ›Perücke‹, wohl deswegen, weil der Perückenträger mit seinen künstlichen und seinen natürlichen Haaren an das scheckige Federkleid der Elster erinnert. ›Daß mer am End des Pulver die Atzel vabrenne deht!‹ (Niebegall: ›Datterich‹.)

›E Atzel, die kimmt doppelt vor
Un gleicht sich net enanner.

Die, die hat ja Feddern nor,
Un haarig is die anner.
Die aa, des is es diewisch Oos,
Sieht se wo Silwer glenze,
Un e Barrick die anner bloß,
Die dhut kaa Löffel strenze.
De Doppelsinn, jetzt schmelzt er,
Un klarer werrd mei Blick,
E Atzel is e Elster
Un is aach e Berrick.‹
(Friedrich Stoltze)

auf ›Auf‹ mit Akkusativ wird im Hessischen bei Verben der Bewegung auch in der Bedeutung von ›nach‹ gebraucht.
›Solcher gestalt passirten wir durch Flandern – endlich gar auff Pariß: begab ich mich zum nächsten auff Gelnhausen.‹ (Hans Jakob Christoffel von Grimmelshausen im ›Simplicissimus‹.) – ›Komm, wir mache uff Geiße!‹ = ›Komm, wir gehen nach Gießen!‹

B

Baa [S] ›Bein‹. Der Ausdruck wird in verschiedenen Redensarten gebraucht, wie 1. ›Die Baa uff die Axel nemme, die Baa unner die Ärm nemme‹ = ›rennen, sich beeilen‹.
2. ›Nix uff die Baa bringe‹ = ›nichts zustande bringen‹.
3. ›Sich die Baa ausreiße‹ = ›sich sehr um etwas bemühen‹.
4. ›Ebbes am Baa hawwe‹ = ›einen Schaden haben‹ (vgl. die alte Redensart: ›den Schaden ans Bein binden‹).
5. ›Der will mit de große Hunde pisse unn kann es Baa net hewe‹ = ›Er will höher hinaus, als er kann, er übernimmt sich, er gibt an.‹

babbele(n) [Schw] Von frz. ›babiller‹ = ›schwatzen, plaudern‹.
1. ›sprechen, reden, zu reden anfangen‹. ›Unser Bub babbelt scho.‹
2. Als ›babbele‹ bezeichnet man jedoch vor allem auch jene Art zu reden, bei der man weniger auf das, was man sagt, Wert legt, als auf die Tatsache, daß man überhaupt redet. ›Babbele‹ = ›viel reden, schwätzen, ohne Sinn und Verstand reden‹. ›Er babbelt vielleicht en

Stuß zusamme!‹ (›Stuß‹ leitet sich ab aus jiddisch ›schtus‹, hebräisch ›stuth‹ = ›Torheit‹.)
Das Hessische kennt eine ganze Reihe von höchst bezeichnenden Ausdrücken für Schwätzer und Vielreder, seien sie weiblich oder männlich, die aus ›babbele‹ hervorgegangen sind: ›Babbelarsch‹, ›Babbeldasch‹, ›Babbelfritz‹, ›Babbellies‹, ›Babbelmaul‹, ›Babbelschnut‹, ›Babbler‹ (m.), ›Babblern‹ (w.) usw. Am häufigsten und triftigsten wird ein Schwätzer als ›en alle Schleechtbabbler‹ bezeichnet, wobei ›aal‹ ein Steigerungsadjektiv ist. ›Babbelwasser trinken‹ bedeutet soviel wie ›große Redseligkeit entfalten, gar nicht mehr mit dem Reden aufhören wollen‹. Ursprünglich war ›Babbelwasser‹ der Alkohol, der bekanntlich ja so manche Zunge löst.

baf
baaf
›Verblüfft‹. Ursprünglich war ›baf‹ der Ausdruck des Fallens und des Schlags. Daraus entwickelte sich ›bafen‹ = ›stark schlagen‹. Heute ist das Wort nur noch in der Redensart gebräuchlich: ›Da bin ich baaf!‹ = ›Da bin ich verblüfft!‹
Von ›bafe(n)‹ spricht man auch, wenn man sich satt ißt und trinkt. Der Ausdruck ist eines der vielen Synonyme der Frankfurter ›Ebbelwoisäufer‹ für ›trinken‹. Im Rheinhessischen nannte man jedoch früher einen Wassersäufer einen ›Bafer‹.

Bagasch ›Bagasch‹ (frz. ›le bagage‹) wird heute nicht mehr in der neutralen Bedeutung von ›Gepäck‹ gebraucht. Statt dessen wurde es zum Ausdruck für ›Gesindel, Hergelaufene‹ oder auch zur Bezeichnung einer Ansammlung oder Gruppe von Menschen, mit denen man nichts zu tun haben will. ›Die ganz Bagasch kann mer gestohle bleiwe.‹ (Dieselbe Bedeutung auch in den schweizerischen, den bairischen und österreichischen Mundarten.) – ›Lumpebagasch‹ = ›Lumpenpack‹.

Balch 1. [M] ›Balg, Tierhaut‹, Pl. ›die Belch‹ (mittelhochdeutsch ›balc‹ = ›Haut‹). ›Sterbt de Fuchs, so gilt de Balch.‹ Der Begriff wird auch für die Menschenhaut oder überhaupt für den menschlichen Körper verwendet. ›Ich hach der de Balch voll.‹
2. ›wildes, ausgelassenes Kind‹. ›Die Belch habbe de Kopp voller Bosse‹ (Possen). Als Schimpfwort: ›Ihr Saubelch, dreckige Belch‹. – Aber wie so oft im Hessischen kann sich das Negative auch in einer

Anwandlung von Zärtlichkeit ins Positive verkehren: ›Es is en goldiche Balch.‹ (Vgl. ›Aas‹.)
3. [M u. s] ›uneheliches Kind‹. ›Er hat se mit em Balch sitze gelasse (gelosse).‹

balche(n), sich [Schw] ›sich herumschlagen‹ (ursprünglich ›zornig reden‹). ›Die Belch balche sich (herum).‹ ›Was sich liebt, des balcht sich.‹ ›Balche(n)‹ heißt sowohl: ›sich prügeln‹ als auch allgemein: ›sich streiten‹. ›Das Herumgebalche von de Bolitiker‹.

bambele(n) [Schw] 1. ›hin und her schwanken, beweglich oder schlaff herunterhängen, bammeln‹. Das Wort kommt nicht, wie angenommen wird, aus dem spanischen ›bambolear‹ = ›schwanken‹, auch die Herleitung aus lateinisch ›pampinus‹ = ›die Rebe‹ ist wenig wahrscheinlich. Sicherlich hängt ›bambele‹ mit ›bimmeln‹ zusammen, was sowohl ›hin und her schwingen‹ als auch ›tönen‹ heißt.
Ein altes hessisches Tanzlied lautet folgendermaßen: ›Wie bambelt mir mein Röckelchen! Wie bambelt mir mein Rock! So hab ich ja mein Lebestag kein Bambelrock gehott!‹
2. ›es bambele lasse‹ = ›etwas hängen lassen, nachlässig sein‹. Ein nachlässiger Mensch ist ein ›Hannebambel‹ (Hanne = Johann).
3. ›des Gebambel‹ = ›das Herunterhängen (von Füßen), das unordentliche Herabhängen von Kleiderstücken‹.

Bankert [M] ›uneheliches Kind‹ (mhd. ›bankhart‹). Ein auf der Bank (der Magd) gezeugtes Kind. ›Bank‹ ist ebenso wie ›basto‹ (italienisch ›der Packsattel‹, wovon sich der ›Bastard‹ ableitet) Symbol des außerehelichen Geschlechtsverkehrs. ›Er hat irn Bankert uffgedreht.‹
2. Bezeichnung für einen frechen, ausgelassenen Jungen: ›en nixnutziche Bankert‹.

baten (batten)
baden (badden) ›Helfen, nützen, fruchten‹. Part. ›gebatt‹ (gotisch ›gebatnan‹ = ›nützen‹). ›Des batt naut‹ = ›Das hilft nichts.‹ ›Batt's nix, dann schadd's nix‹ = ›Nützt es nichts, dann schadet es auch nichts.‹ Das ›Gebatt‹ ist der ›Nutzen‹. ›Do hun aich kan Gebatt davon‹ = ›Da habe ich keinen Nutzen davon‹.

bedabbele(n) [Schw] ›fassen, begreifen, verstehen‹ (von ›Tappe‹ = ›Tatze‹, englisch ›to dab‹ = ›leicht berühren‹). ›Er bedabbelt es net.‹ ›Bedabbele‹ hat dieselbe Bedeutung wie ›begrabbele‹ = ›begreifen‹.

beiße(n) [St] Wenn etwas unabwendbar ist, sagt man in Hessen: ›Da beißt kää Maus e (de) Faddem ab‹ = ›Da beißt keine Maus den Faden ab.‹ Diese Redewendung findet sich auch in Berthold Auerbachs ›Dorfgeschichten‹.

Bembel [M] Steinkrug, aus dem in Frankfurt, besonders jedoch in Sachsenhausen, dem südlich des Mains gelegenen Stadtteil Frankfurts, der Apfelwein (›Ebbelwoi‹) ausgeschenkt wird. Die ›Bembel‹ werden im Westerwald, dem Kannebäckerland, hergestellt. Sie sind grau glasiert und haben ein eingebranntes blaues Muster. Gemeinhin glaubt man, daß ›Bembel‹ von ›bambeln‹ (siehe dort) herzuleiten ist, weil er wie eine Glocke im Schankgestell hin und her ›bembelt‹. Denkbar jedoch ist auch die Herkunft aus lateinisch ›pampinus‹ = ›die Rebe‹. Studenten nannten im 17. Jahrhundert das Gefäß, aus dem sie tranken, ›Pampel‹ und ›Bembel‹.

Berzel [M] ›Bürzel‹. In erster Linie der Bürzel der Gans und der Ente. ›De Berzel kriecht de Vadder.‹ Der ›Berzel‹ einer gebratenen Gans gilt als besonderer Leckerbissen. ›Berzel‹ geht zurück auf mittelhochdeutsch ›bürn‹ = ›in die Höhe recken‹. Im Scherz wird auch das Hinterteil des Menschen ›Berzel‹ genannt, besonders dann, wenn es, was bei Mädchen oft der Fall ist, sehr beweglich ist. Der ›Berzel‹ findet sich auch in verschiedenen Redensarten. So sagt man etwa von einer Frau, deren Mund nicht stillsteht: ›Der ihrn Schnawwel (Schnabel) geht wie en Endeberzel.‹

›E Berzche‹ ist in der Wetterau ein unbedeutender, jedoch anspruchsvoller Mensch. Der Ausdruck bezeichnet auch einen eigensinnigen Menschen und hat dieselbe Bedeutung wie ›Querarsch‹.

besabbele(n) [Schw] ›beschmutzen, besudeln‹. Meist reflexiv gebraucht. Im Grimmschen Wörterbuch wird ›besabbeln‹ mit ›beseifern‹ in Verbindung gebracht. Es stammt jedoch aus dem Jiddischen: ›beseiwele‹ = ›besudeln‹, hebr. ›sabbêl‹ = ›koten‹. ›Besabbel dich net!‹

sagt die Mutter zum Kind, das beim Essen nicht immer den Mund findet.

Bettpisser [M] 1. Schimpfwort für Kinder, das keiner Erläuterung bedarf, aber auch Bezeichnung für jemanden, der Angst hat oder nicht für voll genommen wird. Manchmal nur ›Pisser‹. ›Des is mer vielleicht en Bettpisser‹ bedeutet soviel wie: ›Mit dem ist wirklich nichts anzufangen!‹ 2. Gemeiner Löwenzahn, Taraxacum officinale (frz. ›pissenlit‹, engl. ›piss-a-bed‹), oberhessisch ›Botterstock‹, ›Loisblom‹, ›Melchdistel‹, ›Pfaffebusch‹, ›Lichblom‹. Der Frankfurter Arzt Adam Lonicerus schreibt in seinem ›Kreuterbuch‹ (neue Ausgabe von Petrus Uffenbachius, Ulm 1679): ›Dieser Wurtzeln Safft getrunken, macht harnen.‹ Diese in vielen Kräuterbüchern angegebene Tatsache mag zum Namen ›Bettpisser‹ geführt haben.

Bibbel [M] ›männliches Glied‹. Wahrscheinlich von ›Pfeife‹ (nd. ›pîpe‹) herzuleiten. – ›Futt, Arsch und Bibbel, des sind die drei Artikel.‹ Über die Bedeutsamkeit der drei ist in der Tat nicht zu streiten.

Bibbes [M] ›Pips‹ (eine Hühnerkrankheit), von lateinisch ›pituita‹ = ›Verschleimung‹. ›Er hat de Bibbes‹ wird von einem kranken, schwächlichen Menschen gesagt.

Birn (Bern) [W] ›Birne‹ (lat. ›pirum‹). Die ›Birn‹ kommt in einer Reihe von Redensarten vor. So sagt man, wenn man mit jemandem abrechnen will: ›Wir hawwe zusamme noch e Birn zu schäle.‹ (= ›Wir hawwe mitenanner noch e Hühnche zu ruppe!‹) Zur Verhinderung eines Durcheinanders heißt es: ›Meine Herrn, Ebbel sin ka Bern.‹ – Die ›Birne‹ ist im verächtlichen Sinne auch der Kopf: ›Ich haach der aa uff dei (morsch) Bern.‹

bitzele(n) [Schw] ›kitzeln, jucken, auf der Zunge kitzeln‹. Das Wort leitet sich zweifellos von ›beißen‹, althochdeutsch ›bizan‹ her. Es wird meist in unpersönlichen Wendungen gebraucht: ›Es bitzelt mer in Händ unn Fieß‹ (vor Kälte).
Das Selterswasser nennt man wegen seines kitzelnden Zungeneffekts in Hessen ›Bitzelwasser‹. Ein ›Bitzler‹ dagegen ist für den Rheinhessen ein Federweißer.

Blas (Blos) [W] 1. ›Blase, Hautblase‹. ›Er hat e schwach Blos‹ = ›Er kann das Wasser nicht halten.‹ ›Denk der nur kaa Blas ins Hern‹ (Gehirn) = ›Überanstrenge dich nicht beim Denken.‹
2. ›Menge, Gruppe, Ansammlung‹. ›Da ist die ganz Blas beisamme.‹

blimmerich Der Ausdruck wird vor allem in der Redewendung: ›Es werd mer blimmerich vor de Aache‹ verwendet. Ursprünglich sagte man: ›blô in blimmerich‹ = ›vor den Augen flimmernd‹, was zweifellos dem französischen ›bleu-mourant‹ = ›bleichblau‹ angeglichen ist. ›Blimmerich‹ wird wohl aus ›flimmern‹ herzuleiten sein. In Frankfurt und Umgebung hat man den französischen Ausdruck ›bleu-mourant‹ eingehessischt. Dort sagt man nämlich ›blümerant‹, und solche, die es ganz genau wissen wollen, sagen gar ›blau-blümerant‹, wobei jedoch ein ›blau‹ zuviel ist.

blott (blot) 1. ›bloß, entblößt‹. ›Blott‹ ist das auf der niederdeutschen Lautstufe stehengebliebene ›bloß‹. Es ist nur noch in wenigen Redewendungen gebräuchlich. ›Ich bin blott‹ sagt z. B. der, der beim Kartenspiel von einer Farbe nichts mehr hat.
2. ›pleite, arm‹. ›Seid fleißig! Arbeit segnet Gott, macht euch der Steuerbote plott‹ (Friedrich Stoltze). ›Ich bin der Ihne so blott wie e Kerchemaus‹ (Niebergall: ›Datterich‹).

blotze(n) 1. ›laut aufschlagend niederfallen, aufplatzen‹ (besonders von Obst). ›Geblotzte Ebbel.‹ Die Bedeutung von ›blotzen‹ hat sich von ›geräuschvoll fallen‹ (mhd. ›blatzen‹) zum Resultat des Fallens, nämlich ›aufplatzen‹, verschoben.
2. ›verprügeln‹. So schreibt z. B. der 1625 in Gelnhausen geborene Hans Jakob Christoffel von Grimmelshausen: ›Damals legten sie mich in ein Leylach (Laken) und zerblotzten mich unbarmherzig.‹
3. ›rauchen‹. ›En Zigaretteblotzer.‹ ›Blotzen‹ für ›trinken‹ wird nur noch selten gebraucht.
4. ›E paar Geblotzte‹ sind das, was geringfügig über eine runde Summe hinausgeht, so z. B. ›Hunnert un e paar Geblotzte‹.

Bobbelche [S] 1. ›Baby‹. Pl. ›die Bobbelcher‹. Diminutivform von ›Puppe‹. ›Was e goldich Bobbelche!‹

2. ›Mädchen‹. Hier ist das Hessische wieder zur Urbedeutung von ›Puppe‹ (lat. ›pupa‹ = ›das Mädchen‹) zurückgekehrt. In Frankfurt nennt man die Mädchen auch ›Böbbcher‹, was stets galant zu verstehen ist.

bobbele(n) [Schw] ›sich schnell bewegen, beben, zittern‹. ›Bobbele‹ entspricht ›bibbern‹, althochdeutsch ›bibên‹, mittelhochdeutsch ›biben‹. Als Zeitwort ist es heute kaum mehr gebräuchlich. Die Zusammensetzung ›Herzgebobbeltes‹ wird zuweilen noch von Verliebten benutzt. ›No, was fang ich oh, Liesettche, Deibche, Engelche, Herzgepoppeltes.‹ So heißt es im ›Datterich‹ von Niebergall.

bollern [Schw] ›lärmen, toben‹ = ›poltern‹, niederdeutsch ›bullern‹. ›Es bollert mer im Maache‹ (Magen). ›Rausbollern‹ = ›rausschmeißen‹, wobei an ein sehr handgreifliches Herausschmeißen gedacht ist. ›Bollerarsch‹ oder ›Bollersterz‹ (mhd. ›sterz‹ bedeutet nicht nur ›Schwanz‹, sondern auch ›in die Höhe gerichteter Hintern‹ oder schlichtweg ›Hintern‹) ist die Bezeichnung für einen blähungsfrohen Hintern. Frankfurter Mütter nennen ihr Kind zärtlich direkt ›Bollerlechelche‹ (›Bollerlöchelchen‹).

Bosse [M] Das Wort wird nur noch in der Mehrzahl gebraucht: ›Possen, spaßhafte Gebärden, Streiche‹. ›Doachs Uhze konnt he goar näit luosse, hat naut eam Kopp wäi Deiwilsbuosse.‹ (Peter Geibel, der Sänger der Wetterau, neben Niebergall und Friedrich Stoltze einer der bedeutendsten Mundartdichter Hessens.) – ›Er hat nur Bosse im Kopp‹ = ›Er hat nichts als Unfug im Kopf.‹ Aber: ›Die Bosse hawwe e Loch‹ = ›Vom Unfug hat man jetzt die Nase voll.‹
Übrigens hat das Wort ›Possen‹ eine sehr verzwickte Herkunft. Im Französischen nannte man zur Renaissancezeit die groteske Figur auf einer Bildtafel oder auf einem Relief ›la bosse‹. Der Begriff entstammte der Bildhauersprache, ›la bosse‹ war ursprünglich eine Reliefgestalt (aus frz. ›bossuer‹ = ›Beulen schlagen‹). Die deutsche Redewendung ›einen Possen reißen‹ besagte nichts anderes als ›eine fratzenhafte, groteske Figur zeichnen‹ (›reißen‹ = ›zeichnen‹). Sehr bald aber blieb nur noch die Bedeutung von ›sich einen Scherz erlauben, einen Streich spielen‹ übrig. ›Was fer Bosse!‹

bosselé [Schw] ›etwas tun, was viel Fingerspitzengefühl erfordert‹. ›Bosselé‹, das übrigens auch Goethe benutzte, geht auf französisch ›bosseler‹ = ›getriebene Arbeit machen‹ zurück, was seinerseits aus ›bossuer‹ = ›Beulen schlagen‹ entstand. ›Bosseler‹ ist das Hauptwort zu ›bosse-le‹: ›En Bosseler kann Krawatte für die Micke (Mücken) mache.‹

Brast [M] ›drückender Kummer, Gram‹. Das Wort leitet sich aus dem mittelhochdeutschen ›brästen‹ = ›auseinanderbrechen, gebrechen‹ ab. – ›Da stann er dann im tiefste Brast und dhat auch nix als flenne.‹ (Friedrich Stoltze)

›Mein Herz ist voller Brast,
hat weder Ruh noch Rast.
Ich denk, ob du mich liebst
und stets getreu mir bliebst.‹

(Anfang eines Volkslieds aus der Gießener Gegend)

brebele(n) [Schw] ›vor sich hin schimpfen, zänkisch reden, nörgeln‹. ›Er dhut nix wie brebele‹ = ›Er nörgelt nur herum‹. Ein ›Brebeler‹ ist dementsprechend ein ›Nörgler‹. Neben ›brebele‹ wird auch ›bregele(n)‹ gebraucht, was jedoch mehr ›meckern‹ bedeutet. ›Er bregelt schoo de ganze Daach.‹ ›Brebele‹ wie ›bregele‹ leiten sich von mhd. ›bregeln‹ = ›braten‹ her, was jedoch schon damals im übertragenen Sinn von ›murren‹ benutzt wurde.

Brenk [W] ›Holzschüssel mit niedrigem Rand, Ablaufbrett in der Küche‹ (›Spülbrenk‹). Das Wort stammt vom mittelhochdeutschen ›brente‹ = ›Bottich‹ (ital. ›brenta‹ = ›Bütte‹). Es ist heute nur noch selten zu hören.

brotzele(n)
brutzele [Schw] ›brutzeln, langsam kochen oder braten‹, abgeleitet aus mittelhochdeutsch ›briezen‹ = ›anschwellen, blähen, treiben‹. ›Mei eije Deppche brotzelt‹, sagt man, wenn man seinen eigenen Hausstand hat, wenn man sich selbst etwas ›zusammebrotzele‹ kann. Was zu lange kocht, ›verbrotzelt‹. Läßt man jemanden lange auf eine Sache warten, dann läßt man ihn ›brutzele‹.

Brutsch(e) [W] ›schiefes Maul‹, ursprünglich ›dickes, aufgeworfenes Maul, vorstehende Lippen, Hängemaul‹. Der sehr bildhafte Ausdruck leitet sich ab aus ›brotzen‹ = ›schmollen, verdrossen sein‹. ›Mach kaa Brutsch!‹ wäre entsprechend mit ›Sei nicht gram!‹ zu übersetzen. ›E Brutsch ziehe‹ (in der Wetterau: ›dregge‹ = ›drücken‹) = ›ein verächtliches Gesicht machen‹.

Buckel [M] Der Ausdruck kommt in zahlreichen Redensarten vor, z. B.: ›Er mecht en Buckel wie die Katz, wenns dunnert‹ = ›Er krümmt sich ängstlich zusammen.‹ – ›Er hält sich de Buckel sauwer‹ = ›Er bleibt neutral.‹ – ›Er hat en breite Buckel‹ = ›Er hat ein dickes Fell.‹ – ›Da hat er sich was uff de Buckel gelade‹ = ›Da hat er sich was aufgebürdet.‹ – ›Er hat guhd sei 70 Jahr uff em Buckel‹ = ›Er ist gut 70 Jahre alt.‹ – ›Nemm dei Baa uff de Buckel!‹ = ›Beeile dich!‹ Darüber hinaus wird das Wort verschiedentlich auch in Schimpfwörtern verwendet, so in ›Krummbuckel‹, ›Schwammbuckel‹, ›Speckbuckel‹.

Bumbel
Bombel [W] ›der weibliche Geschlechtsteil‹. ›E Bombel‹ wird aber auch scherzhaft für ›Mädchen‹ gebraucht: ›Freu dich Bombil, moarn gihts luhs, wann de Freier komme.‹ (Peter Geibel).

Die ›Bunse‹ bezeichnet ebenfalls den weiblichen Geschlechtsteil. Analog zu ›Bumbel‹ ist ›e Bunse‹ aber auch eine Frau. ›Bunse‹ gilt als weniger grob als ›Bumbel‹. Abzuleiten ist ›Bunse‹ aus dem mittelhochdeutschen ›Punze‹ = ›geeichtes Faß‹.

Bumbes [M] ›Furz‹, abgeleitet aus der Interjektion ›bumb‹ bzw. ›bums‹ für einen starken, dumpfen Fall oder Schlag. Das entsprechende Hauptwort ist der ›Bumbs‹ = ›dumpfer Schlag‹. Die Mehrzahl ›Bümbe‹ (›Bimb‹) heißt soviel wie ›Prügel‹. ›Mach deich haam, sonst kriehst de dei Bimb‹, sagt man in der Gelnhäuser Gegend.

Butter ›Laß de Hand von de Butter!‹ ist die Aufforderung, die Finger von etwas zu lassen, das einen nichts angeht oder einem gefährlich werden kann. Das Wort ›Butter‹ kam durch ein sprachliches Mißverständnis zustande. Ursprünglich hieß es ›Butte‹, was dasselbe wie hochdeutsch ›die Bütte‹ ist. Gemeint war die Bütte voller Weintrauben, von der man die Finger lassen sollte.

Butzemann [M] ›Kinderschreck, Vermummter, Vogelscheuche‹. Entstanden ist der ›Butzemann‹ aus mittelhochdeutsch ›butze‹ = › Poltergeist‹, der sich von ›bôzen‹ = ›schlagen, stoßen‹ ableitet. Ein bekanntes Kinderlied beginnt mit den Worten: ›Es geht ein Bi-Ba-Butzemann in unserm Haus herum.‹ Der ›Butzemann‹ wurde oft als pädagogisches Schreckgespenst mißbraucht: ›Wenn de net ins Bett gehst, kimmt de Butzemann und holt dich.‹

Einen ›Butzemann‹ nennt man allerdings auch das, was man sich aus der Nase fischt. Hier hängt jedoch ›Butze‹ mit ›Butzen‹ = ›formloser Klumpen‹ zusammen.

Buweroll *Buwerolzern* [W] Eine ›Buweroll‹ oder ›Buwerolzern‹ (wörtlich ›Bubenrolle‹, ›Bubenrolzerin‹) ist ein Mädchen, das sich gern mit Buben abgibt.

›Buweroll! Die Gaß is voll!‹ riefen im alten Frankfurt die Buben den Mädchen zu. Meist wird der Ausdruck im abschätzigen Sinn gebraucht. Das Wort hat jedoch seine ursprüngliche krasse Bedeutung verloren. Mit ›rollen‹ nämlich bezeichnete man die Begattung der Schweine. Den Ausdruck: ›Die Muck is rollich‹ kann man heute noch auf dem Lande hören. Davon leitet sich ›die Roll‹ ab, worunter eine Frau zu verstehen ist, die es gern mit den Männern ›mecht‹. Die ›Roll‹ ist also eine geile Frau. Diese einschlägige Bedeutung ist in ›Buweroll‹ nicht gegeben. (›Buwerolzern‹: siehe ›rolzen‹.)

C

Cujon [M] ›Schurke, Spitzbube‹. Der Ausdruck entwickelte sich aus dem französischen ›coïon‹ = ›Bärenhäuter‹ und war ursprünglich ein starkes Schimpfwort, das aber durch häufigen Gebrauch abgemildert wurde. Heute ist er fast nur noch ein Synonym für ›Spitzbube‹: ›Du bist mer en scheene Cujon!‹ Auch Grimmelshausen sprach im ›Simplicissimus‹ von einem ›Dieb und Ertz-Cujon‹. ›Cujonieren‹ wird entsprechend im Sinne von ›plagen, schinden‹ gebraucht: ›Er cujoniert sei Leit.‹ Es heißt aber auch soviel wie ›sticheln, verspotten‹. In dieser Bedeutung wird das Wort am häufigsten verwendet.

D

Dabbe
Dappe [M] 1. ›auffällige Spur‹, entstanden aus dem mittelhochdeutschen ›tape‹ = ›Pfote, Tatze‹. ›Mach mer kei Dabbe‹ ist die Aufforderung, keine Schmutzspuren oder Flecken zu hinterlassen. Die Bedeutung ›Dabbe‹ = ›breiter Tierfuß‹ ist heute ziemlich veraltet. Das gilt auch für ›Dabbe‹ = ›plumpe Schuhe‹.

2. ›leichter Schlag‹. So im übertragenen Sinn: ›Er hot en Dabbe.‹ (›Er hat einen leichten Rausch.‹) Aus ›Dabbe‹ entwickelte sich das Eigenschaftswort ›dabbich, dappich‹, was dem hochdeutschen ›täppisch‹ entspricht. ›Dabbich‹ zählt zu den hessischen ›Zentnerwörtern‹. Derjenige, der jemanden ›dabbich‹ nennt, weiß und kann natürlich alles besser. ›Stell dich net so dabbich aa!‹ › Dabbich‹ ist somit jeder, der etwas falsch anpackt.

dabbe(n)
dappe(n) [Schw] 1. ›schwerfällig gehen, wanken, hilflos herumtappen, treten‹. ›Dabb net in die Pitsch!‹ (Pfütze). ›Dabbe(n)‹ wird oft für ›gehen‹ benutzt: ›Er is uff Kronberch gedabbt.‹

2. ›mit den Händen plump greifen, schlagen‹. ›Ich dabb der aa‹ = ›Ich haue dir eine herunter.‹ ›Aadabbe‹ entspricht hochdeutschem ›anfassen‹: ›Des is net zum aadabbe.‹

In Südhessen (Darmstadt) findet man ›dappern‹ statt ›dappen‹. ›Dapper dich‹ heißt dort soviel wie ›Beeile dich‹.

Dabbes
Dappes [M] Dies ist die heute in Hessen wohl gebräuchlichste Bezeichnung für einen Tolpatsch und einen Menschen, der sich dumm anstellt. So heißt es in der ›Klaa Schildberjerbeschimpfung korz vorm Weldunnergang‹ von Kurt Sigel in ›Feuer de Maa brennt. Frankfurter Mundartgedichte‹, Frankfurt 1968: ›Zieh Pudel, Dappes, de Maa brennt.‹ (›Pudel‹ = ›Jauche‹.)

Dabch
Dapch Das Wort geht auf dieselbe Wurzel zurück wie ›Dabbe‹, ›dabben‹ oder ›Dabbes‹ und bedeutet 1. ›Fußspur‹, 2. ›Tölpel, plumper Mensch‹. ›Dolldabch‹ (›Dolldapch‹) ist wohl in Anlehnung an ›Dolbatch‹ (›Dolpatch‹), hochdeutsch ›Tolpatsch‹ entstanden und mit ungarisch ›talpas‹ = ›breitfüßig‹ verwandt. ›Talpas‹ war zu Wallensteins Zeiten eine scherzhafte Bezeichnung für den Fußsoldaten.

Hessisch ›Dilldabch‹ (›Dilldapch‹) im Sinne von ›Tolpatsch, plumper Kerl‹ ist aus ›Diele‹ und ›dabbe‹ zusammengesetzt und bezeichnete ursprünglich einen plumpen Bauernburschen, der nicht tanzte, sondern auf den Dielen ›dabbte‹.

dachtel(n) [Schw] ›jemandem eine herunterhauen‹. ›Gleich kriehst de ei gedachtelt.‹ ›Dachteln‹ kommt wahrscheinlich von griechisch ›dáktylos‹ = ›der Finger‹. Das Hauptwort dazu ist ›Dachtel‹ = ›Ohrfeige‹. Auch im ›Simplicissimus‹ wurden bereits ›Dachteln‹ verteilt: ›So wolt ich dem Juncker Glattmaul zu Bestätigung der Wahrheit ein paar Dachteln geben.‹ Übrigens hieß auch die ›Dattel‹ früher ›Dachtel‹. Das Wort geht ebenfalls auf griechisch ›dáktylos‹ zurück. Jedoch hat die ›Ohrfeige‹ nichts mit der Palmenfrucht zu tun; das Wort setzt sich aus ›Ohr‹ und ›fegen‹ zusammen.
In einer anderen etymologischen Ableitung wird ›dachteln‹ mit ›Dach‹ in Verbindung gebracht. Als ›Dach‹ wird im Hessischen zuweilen in verächtlichem Sinn auch der Kopf bezeichnet. ›Ich haach (haue) der aa uffs Dach.‹ Schon im Mittelhochdeutschen war ›dach‹ die Bezeichnung für ›Kopf‹.

Dalles [M] ›Ruin, Armut, Pleite‹. Der Ausdruck geht auf hebräisch ›dalluth‹ = ›Armut‹ zurück. ›Er hat de Dalles‹ heißt dementsprechend: ›Er hat Pleite gemacht.‹ ›Dalles un Kompanie‹ ist eine Firma, über der der Pleitegeier schwebt. ›De Dalles krieche‹ heißt allgemein ›kaputtgehen‹, und ein ›Dalleskopp‹ ist ein ›Dummkopf‹.

Dâtsch [M] ›weicher Brei‹. Das Wort wird meist abschätzig gebraucht. ›Was is en des for en Dâtsch!‹ Das dazugehörige Adjektiv ›dâtschich‹ bezeichnet etwas unangenehm Weiches, Feuchtes: ›Das fiehlt (foilt) sich dâtschich aa.‹ ›Dâtsch‹ leitet sich von ›tatschen‹ = ›mit den Händen berühren, kneten, weich machen‹ her. ›Datschel‹ ist in der Lauterbacher Gegend ein Kuchen aus geriebenen Kartoffeln und Mehl.

dattern *dottern* [Schw] ›sich hin und her bewegen, erschüttert werden, zittern, in Angst sein‹. Das entsprechende Eigenschaftswort ist ›datterich‹ (›dadderich‹). Auf Oberhessen beschränkt sind die beiden Bedeutungen: ›weich‹ (von Fleisch) und ›verzärtelt‹ (von Kindern). Allgemein jedoch ist die Bedeutung ›zittrig‹. ›Er hot en Datterich‹ = ›Er zittert nervös mit den Händen‹ (ein Alkoholiker). In diesem Sinn ist auch der Titel ›Datterich‹ der Darmstädter Lokalposse von Niebergall zu verstehen, deren Erstausgabe 1841 erschien.

Deckel
Deggel ›Deggel› ist einmal wie im Hochdeutschen der Deckel, zum anderen bezeichnet es im verächtlichen Sinn den Hut, beispielsweise in ›Schabbesdeckel‹ (›Schabbes‹ aus hebräisch ›schabbâth‹ = ›Samstag‹). Ursprünglich war der ›Schabbesdeckel‹ der Schlapphut der Juden, heute versteht man darunter lediglich einen alten, zerbeulten Hut. Der Ausdruck ist auch in der Redewendung: ›Zu jedem Dippe (Topf) gehört en Deckel‹ enthalten, wobei ›Dippe‹ = ›Frau‹ ist und ›Dekkel‹ = ›Mann‹. Vergleiche dazu auch die alte Bezeichnung ›Deckel‹ für denjenigen, der anstelle des Ehemanns ein Kind zeugt.

Deetz [M] ›Deetz‹, der ›Kopf‹, ist aus dem französischen ›la tête‹ = ›der Kopf‹ abgeleitet. (›Ich haach der aa uff en Deetz!‹) ›Deetz‹ zählt zu den vielen Wörtern aus dem Französischen, die das Frankfurterische derart adaptierte, daß man nur mit Mühe ihre Herkunft ausmachen kann. Bei ›Deetz‹ fand übrigens noch ein Genuswechsel statt.

der- Vor dem Superlativ des Adjektivs und Adverbs dient die Vorsilbe ›der-‹ zur besonderen Steigerung: ›Ich muß mich dererst umziehe.‹ – ›Derletzt, do kunnt er nemmêr.‹ Dieses ›der-‹ ist als Genitiv der Mehrzahl zu erklären: ›der Dinge am besten‹ usw.

dernebe
derneawe Die Redensart ›dernebe‹ (›derneawe‹) sein oder kommen heißt soviel wie: ›außer sich sein, den Verstand verlieren, die Fassung verlieren‹. (›Er war ganz derneawe.‹) Zuweilen wird es auch im Sinne von: ›in schlechtere Vermögensverhältnisse kommen‹ gebraucht.

derr ›Derr‹ entspricht dem hochsprachlichen ›dürr‹, so z. B. in der Redensart: ›Er is so derr, daß er e Gaas (Geiß) zwische de Herner kisse kennt.‹ Ein ›Derabb‹ (›Derapp‹, auch ›Derabbel‹) ist ein hagerer, dürrer Mensch, der durch die Hose zu rutschen droht. ›Rabbelderr‹ (›rappelderr‹) ist eine lautmalende Steigerung von ›derr‹.

Dibbe *Doppen* [S] ›Topf‹, abgeleitet aus mhd. ›tupfen‹ = ›Topf‹. Ein ›Dibbegukker‹ – ein ›Töpfegucker‹ – ist jemand, der genau wissen will, was gekocht wird. Der Ausdruck bezeichnet jedoch auch einen Menschen, der sich um Dinge kümmert, von denen er nichts versteht. Die Diminutivform ›Dibbche‹ ist nicht nur der ›kleine Topf‹, sondern auch der ›Nachttopf‹: ›Er muß uffs Dibbche.‹

›Gänsje, Gänsje, gik-gôk,
Ihwermonn is Sonndok,
Schnaid aich dir dei Hälsje ob,
Stecke's in e Debbche,
Gitt's e gôut Sebbche.‹
(Kinderreim aus dem Vogelsberg)

Auch in verschiedenen Redensarten kommt das ›Dibbche‹ vor: ›Einem des Dibbche uffdecke‹ = ›die Wahrheit über einen Menschen erfahren wollen‹. ›Is des Dibbche noch so schepp, es find sich doch en Deckel‹ heißt soviel wie: ›Ist das Mädchen auch noch so häßlich, es findet doch einen Mann.‹ ›Wann ein Dippche voll is, brotzelt's iwwer‹ = ›Alles hat seine Grenzen.‹ (Niebergall: ›Datterich‹.)

dibbelich *debbelich* ›pedantisch, übertrieben auf Sauberkeit und Ordnung bedacht‹. Eine diffizile Arbeit, die sehr viel Fingerspitzengefühl verlangt, nennt man ›dibbelich‹. Das Wort leitet sich von ›dibbeln‹ (nhd. ›tüpfeln‹) her und bedeutet soviel wie: 1. ›mit Pünktchen versehen‹ und 2. im übertragenen Sinn: ›auf pedantische Art und Weise viel Zeit verschwenden‹.

dick ›Ich bin es dick‹ ist eine häufige Redensart, die soviel besagt wie: ›Ich habe genug von einer Sache, ich mag nicht mehr.‹ ›Des leer Stroh dräsche duschur bin ich dick.‹ (Niebergall: ›Datterich‹.)
›Duschur‹ ist hier übrigens das vom französischen ›toujours‹ abgeleitete ›immer‹.

Dôkes *Doges* [M] ›der Hintern‹, entstanden aus jiddisch ›Doukes‹ und hebräisch ›tachat‹ = ›das Untere‹. ›Rutsch net so uff deim Doges erum!‹

Donzel [W] ›Donzel‹ wird zuweilen scherzhaft ein kleines, aufgewecktes

Donzil *Dunzel* Mädchen genannt, häufiger jedoch bezeichnet man damit ein nicht gerade tüchtiges Mädchen. Das Wort geht zurück auf französisch ›donzelle‹ = ›Dirne‹, aber obwohl es im Hessischen ein leicht geringschätziger Ausdruck ist, bezieht es sich doch keineswegs wie das französische Ursprungswort auf den lockeren Lebenswandel eines Mädchens.

dorzeln [Schw] ›taumeln, stolpern, schwankend gehen, betrunken sein‹. ›Dorzeln‹ geht auf das hochdeutsche ›torkeln‹ zurück, über dessen etymologische Herkunft man sich jedoch nicht ganz einig ist: Seine Wurzel wird einerseits in lateinisch ›torculare‹ = ›keltern‹ und ›torculum‹ = ›die Kelter‹ vermutet, andererseits aber auch in lateinisch ›torquere‹ = ›umdrehen, wenden, winden‹. Letzteres scheint mir wahrscheinlicher zu sein. Im Mittelhochdeutschen hieß ›turmeln‹ ›schwindeln, taumeln‹. ›Er ist haam gedorzelt‹ = ›Er ist nach Hause getorkelt!‹ ›Er is hîgedorzelt‹ = ›Er ist zu Boden getaumelt.‹

dreidrätich ›Dreidrätich‹ heißt wörtlich ›dreidrahtig, aus drei Fäden gedreht‹, im übertragenen Sinn ist es soviel wie ›linkisch, unbeholfen‹, oder, hessisch ausgedrückt, ›dabbich‹. Entsprechend wird es auch in der Redensart gebraucht: ›Der stellt sich dreidrätich â, daß mer ihm am liebste helfe möcht.‹

dribbele(n) [Schw] ›trippeln, vor Ungeduld mit den Füßen auftreten‹. ›Dribbeln‹ leitet sich wie ›dribsche‹ von ›trippen‹ = ›treten, auftreten‹ her. Im ›Simplicissimus‹ findet man ›trippen und trappen‹ für einen wilden Tanz (vergleiche hierzu auch den Ausdruck ›dribbeln‹ aus dem Fußballjargon). Aus ›dribbeln‹ entstand ›dribbeliern‹, ›driwweliern‹, was soviel wie ›drängen, drängeln‹ bedeutet: ›Driwwelier net so!‹ Analog dazu bildete sich aus ›dringen‹ ›dringeliern‹, was dieselbe Bedeutung wie ›dribbeliern‹ hat. So heißt es in der Hampelmanniade ›Herr Hampelmann sucht ein Logis‹ (Frankfurt 1834) des Frankfurter Volkstheaterdichters Carl Malss: ›Jetzt dringelierschte mich in ähm fort mit eme große Logis.‹

druddeln *druteln* [Schw] Das zweifellos von ›tropfen‹ (ahd. ›tropfo‹) hergeleitete Wort hat zweierlei Bedeutungen: Es heißt 1. ›beim Essen kleckern, sich bekleckern‹ (hier vor allem ›verdruddeln‹: ›Goute Appedit, nix verdruddelt, nix verschitt.‹) und 2. ›unordentlich schreiben‹. (›Sei Geduddel kann ich net lese.‹)

Druschel *Droschel* [W] ›Druschel‹ bezeichnet 1. die Drossel (lat. ›turdus‹) und 2. eine dicke, schmutzige, träge Person, zuweilen auch eine Hure (›e aal Druschel‹). Wie der Singvogel zur Metapher für eine schmutzige Person wurde, ist nicht ganz klar. Möglich, daß das schmutzige Nest der Drossel zu der übertragenen Bedeutung führte. Im positiven Sinn ist ›Druschelche‹ das Kosewort für ein strammes, hübsches Mädchen.

dubbe(n) *duppe(n)* [Schw] Ursprünglich hieß ›dubbe(n)‹ ›mit dem Finger gegen etwas stoßen‹, heute wird es im Sinne von 1. ›stoßen, anstoßen‹ (nhd. ›tupfen‹) und von 2. ›jemanden mit Schlägen in Schranken halten, zur Ruhe bringen‹ verwendet. Häufiger ist noch die erweiterte Form ›dubche‹ (›dupche‹): ›Paß nur uff, daß ich dich net dubch!‹ In der Redensart: ›Er ist bedupt‹ heißt es soviel wie: ›Er ist schwer von Begriff, dumm.‹

duddele(n) *dutteln* [Schw] ›Duddele(n) ist 1. ›taumeln‹, 2. ›langsam, langweilig, einfältig sein, trödeln, mit einer Arbeit nicht vorankommen‹: ›Duddel net so‹ – ›Was duddelste so lang erim (herum)?‹ Das Hauptwort dazu ist ›Geduddel‹, was soviel bedeutet wie ›langsames Getue‹. Das entsprechende Eigenschaftswort ist ›duddelich‹ = ›langsam, langweilig‹. Das Diminutiv ›Duddelche‹ bezeichnet einen sehr langsamen und langweiligen Menschen: ›Wenn de dem Duddelche lang zuguckst, falle der die Aache zu!‹ ›Duddele(n)‹ hängt aller Wahrscheinlichkeit mit ›dattern‹ = ›zittern‹ zusammen. Vergleiche hierzu engl. ›to daddle, to doddle‹ = ›taumeln‹ und ›to totter‹ = ›wanken, wackeln‹.

dummeln *dommele(n)* [Schw] Das nur reflexiv gebrauchte ›sich dummele‹ = ›sich eilen‹ (nhd. ›sich tummeln‹).

Durmel *Dormel* [M] 1. ›Schwindel, Taumel, Schläfrigkeit‹. Meist wird ›Durmel‹ synonym für ›Trunkenheit‹ gebraucht. ›Nichts artlichers war, als daß ich nicht wußte, woher ihnen der Durmel kam, sintemal mir die Würckung des Weins oder die Trunckenheit selbst, noch allerdings unbekannt gewesen.‹ (Grimmelshausen, ›Simplicissimus‹.)

2. ›schläfriger, einfältiger Mensch‹. In diesem Sinne ist ›Durmel‹ ein geläufiges Schimpfwort: ›Du Durmel, stell dich net so dabbich aa!‹ Das Adjektiv ›dormelich‹ (›durmelich‹) bedeutet einmal ›schwach an Geist und Körper‹: ›En dormeliche Kerl, was er is, bringt nix hin‹ (›bringt nichts zustande‹). Daneben aber heißt es auch ›schwindlig‹: ›Es wird mer dormelich‹ = ›Es wird mir schwindlig.‹ Will man das Übermaß einer Tätigkeit zum Ausdruck bringen, so sagt man ›dumm un dormelich‹, z. B.: ›sich dumm un dormelich esse‹ oder: ›sich dumm un dormelich arbeite‹.

durmeln *dormeln* [Schw] ›taumeln, hin und her schwanken‹ (mhd. ›turmeln‹). ›Zuletzt durmelten sie all herum‹ (Grimmelshausen: ›Simplicissimus‹). Als ›durmeln‹ bezeichnet man gemeinhin die Gangart eines Betrunkenen.

Dutt 1. ›Tüte‹. Das Wort kommt in diesem Sinne in verschiedenen Redewendungen vor: ›Es kimmt net in die Dutt‹ = ›Es kommt nicht in Frage.‹ – ›In der letzte Dutt findet's sich‹ = ›Wer lange sucht, findet.‹ 2. ›Schnauze‹, auch verächtlich für ›Nase, Mund‹: ›Butz der die Dutt‹ = ›Wisch dir den Mund ab.‹ – ›Ich haach der aa uff die Dutt‹ = ›Ich haue dir eine auf den Mund.‹

E

ebbes ›Ebbes‹ geht auf das mittelhochdeutsche ›eteswer‹ = ›etwas‹ zurück.

›Ich wel der emol ebbes verzehle
Vo de Abbels Lene:
Wann sie kôi Katoffel hôt,
Kann se kôi geschehle.‹
(Kinderreim aus dem Vogelsberg)

In Frankfurt antworten Kinder auf die Frage, was sie in der Hand halten: ›Ebbes mit zwâ Bebbes‹, wobei ›Bebbes‹ nur aus Gründen des Reimes angehängt wird.

Eh(e)krippel [M] ›Ehkrippel‹ ist wörtlich ein ›Ehekrüppel‹, ein Ehemann, der durch die Ehe in seiner Bewegungsfreiheit – z. B. was den Wirtshausbesuch betrifft – beeinträchtigt wird. ›Ich, als e junger Ehkrippel, sollt mich eigentlich gor net mit so Sache befasse.‹ (Niebergall: ›Datterich‹.)

ei! ›Ei!‹ ist die Interjektion, die wohl am ehesten den Hessen charakterisiert. Zuweilen kommt er vor lauter ›ei‹ nicht dazu, noch etwas anderes zu sagen – wie etwa jene Frau vor Gericht, die als Augenzeugin einer Prügelei gefragt wurde, was sie sich denn dabei gedacht habe, und die antwortete: ›Eijeijeijeijeijei!‹

Über die vielfache Bedeutung der Interjektion ›ei!‹ ließe sich ein Buch schreiben. Je nach Ton und Gestik kann sie so ziemlich alle Affekte ausdrücken, zu der ein Mensch, respektive ein Hesse, fähig ist. Nicht zuletzt kommt es auch darauf an, wie oft man ›ei!‹ sagt.

Ganz allgemein ist ›ei!‹ ein Ausruf der Verwunderung, der Freude und des Spotts. Gewöhnlich leitet ›ei!‹ auch eine Antwort ein. So erwidert der junge Simplicissimus die Frage des Einsiedlers, wer ihm denn das Hemd gegeben habe: ›Ey, mein Meuder.‹ Am häufigsten wird ›ei!‹ als Ausruf des Erstaunens gebraucht: ›Ei, wer kimmt denn da?‹ – ›Ei, soll denn ach!‹ – ›Ei, was gibt's?‹ Bei wiederholtem ›ei‹ werden die ›ei‹ meist durch ein ›j‹ verbunden: ›eijeijei‹. Vor allem ist das ›ei‹ Einleitungspartikel eines Satzes: ›Ei, da bin ich zum Bahnhof gehetzt, und batsch, de Zuch war weg.‹ Im Hessischen werden Sätze gleichsam aus einem ›ei‹ heraus entwickelt.

Eigeplackter [M] ›Eigeplackter‹ ist aus ›Blacken‹ = ›ein Fleck Erde‹ entstanden. Ein ›Eigeplackter‹ ist also ein Fremder, der in Hessen heimisch wird. In Frankfurt nannte man zu freistädtischen Zeiten denjenigen einen ›Eigeplackte‹, der durch Heirat mit einer Bürgerstochter das Bürgerrecht erwarb.

›E Mädche von Hie, deß ein Fremde nimmt,
Deß hat en vor was Höher'sch bestimmt.
Es mecht en von Hie, un er wääß net wie;
E Eigeplackter is immer von hie.‹

(Friedrich Stoltze in seinem Frankfurt-Gedicht, das 1880 zum 5. Allgemeinen Deutschen Turnfest in Frankfurt erschien.)

Als ›Eigeplackte‹ wurden nach 1945 auch die Flüchtlinge bezeichnet, die in Hessen ihre zweite Heimat fanden.

eins ›Eins‹ ist Bestandteil verschiedener Redewendungen: ›Wir sin eins‹ = ›Wir sind übereingekommen.‹ – ›Es is mer eins‹ = ›Es ist mir einerlei.‹ (Verstärkt: ›Es is mer aleins.‹) – ›Ich will der eins sân (sache)‹ = ›*Eins* will ich dir sagen.‹ Bereits im Althochdeutschen wurde ›Ih sagen dir ein‹ in derselben Bedeutung gebraucht.

en ›En‹ kann in zweierlei Weise gebraucht werden:
1. für ›in‹ in der Zusammensetzung ›eweg‹ (entstanden aus mhd. ›enwec‹ = ›in wec‹) im Sinne von ›fort‹. ›Mach dich eweg!‹ = ›Geh fort!‹ ›Hoste-de net soviel Eisicht, daß, wann mer des Ding an die große Glock hengt, daß der Kujon dann gewiß ewäck bleibt? (Niebergall: ›Datterich‹.)
2. für ›hin‹ in den Zusammensetzungen: ›enab‹ (›enabb‹), ›enauf‹ (›enuff‹), ›enaus‹. Das ›h‹ fällt auch in den Zusammensetzungen mit ›her‹ weg: ›erab‹ statt ›herab‹, ›eruff‹ statt ›herauf‹, ›erunner‹ statt ›herunter‹.

Erwes (Erbes) [W] ›Erbse‹. Das Wort geht auf mittelhochdeutsch ›areweiz, ereweiz, erbeiz‹ zurück. ›Der Deiwel hot Erwese uff seim Gesicht gedrosche‹ sagt man z. B. von einem blatternarbigen Menschen. ›Hier gilt's um kah Eppel un um kah Erwische‹ = ›Hier geht's um nichts Geringes‹ (Niebergall: ›Datterich‹). Ein hessisches Sprichwort lautet: ›Mer kann sich die Finger aach im Erwesbrei verbreche.‹

F

fackeln
faggele [Schw] Wörtlich heißt ›fackeln‹ ›hin und her bewegen, schwanken‹: ›Es faggelt mer vor de Aache.‹ Es wird aber auch wie im Hochdeutschen im Sinne von ›fackeln‹ verwendet und kann darüber hinaus auch ›Ausflüchte machen, zaudern‹ (Goethe: ›Die Mutter hat gefackelt‹) und ›flunkern‹ heißen. ›Er faggelt mer ebbes vor‹ = ›Er macht mir etwas vor.‹ In der Redewendung: ›nicht lange fackeln‹ bedeutet es ›keine Umstände machen‹: ›Da werd net lang gefaggelt.‹

(Der Ausdruck: ›Ich werde da nicht lange fackeln‹ findet sich schon bei Christian Felix Weiße, 1726–1804.)
Die Herkunft des Wortes ist nicht ganz geklärt: Am wahrscheinlichsten ist die Ableitung aus lat. ›fax‹ = ›Kienspan, Fackel‹, Dimin. ›facula‹ (ahd. ›facchala‹, mhd. ›vackel‹). Aber auch mit ›facken‹ (›ficken‹) wurde ›fackeln‹ in Verbindung gebracht.

faseln
fassele [Schw] Das besonders in der Wetterau gebräuchliche Wort heißt soviel wie ›gedeihen‹ und leitet sich von mittelhochdeutsch ›vaseln‹ = ›gedeihen, fruchten‹ her. ›Dei Sort Katuffele fasselt gout.‹ ›... daß sie gewöhnlich das meiste Geld erschnappten..., doch faselt es nicht, dann sie verspieltens gemeinlich wieder.‹ (Grimmelshausen: ›Simplicissimus‹.)
Das Eigenschaftswort zu ›faseln‹ ist ›faselig‹, ›faselhaft‹ (›fasselig‹, ›fasselhaft‹). ›Faseln‹ wie ›faselig‹ sind heute ziemlich veraltet.

Fâz [M] ›Tor, einfältiger Mensch, Simpel‹. Im 16. und 17. Jahrhundert war der ›Fatzer‹ oder ›Fatzmann‹ der ›Spaßmacher‹. Im Gegensatz zu dieser eher positiven Bedeutung wird das Wort heute verächtlich und als Schimpfwort benutzt: ›Er is en aale Fâz.‹ ›Fâz‹ stammt von italienisch ›fazio‹, was Matthias Krämer in seinem italienisch-deutschen Wörterbuch von 1676 lustigerweise mit ›Fatznarr‹ übersetzte. Die Volksetymologie bringt ›Fâz‹ mit ›Farz‹ (›Furz‹) in Verbindung. (Ein langes ›a‹ steht, vor allem in der Wetterau, zuweilen für ein ›ar‹.) So sagt man: ›En Këarl wëi en nasse Furz.‹

Faxe
Fackse Das nur in der Mehrzahl gebrauchte Wort heißt ›Ausflüchte, Narrenpossen‹. ›Mach kei Faxe!‹ = ›Mach keine Umstände.‹

›Drum babbeld wie des Maul gewachse,
ihr Dichter dichtet ohne Faxe,
denn oft nach manchem Modeschrei
erwies es sich, daß Wind im Ei.‹
(Kurt Sigel: ›Feuer de Maa brennt...‹)

›Faxe‹ hängt wohl mit niederdeutsch ›fickfacken‹ = ›närrisch daherreden, jemandem etwas vormachen‹ zusammen. (Vgl. dazu niederländisch ›fikfakken‹ = ›tändeln‹ und ›fikfakkery‹ = ›Possen‹.)

fegen [Schw] ›Fegen‹ wird in verschiedenen Bedeutungen gebraucht: 1. ›fegen, reinigen‹, so z. B. in der Zusammensetzung ›Fegefeuer‹: ›Er geit so gern wie die arm Seel ins Fegefeuer‹ (im nördlichen Spessart); 2. ›fein sieben‹ (von Getreide), vor allem in der Wetterau und im Vogelsberg gebräuchlich; 3. ›besonders wild tanzen‹; 4. ›prügeln‹ (›Paß nur uff, daß de kei gefecht kriehst‹).
Das Wort geht auf mittelhochdeutsch ›vegen‹ = ›reinigen, putzen‹ und auf altnordisch ›faegia‹ = ›glänzend machen‹ zurück.

Feng ›Feng‹ wird nur in der Mehrzahl gebraucht, vermutlich weil ›Hiebe, Schläge‹ – und das bedeutet ›Feng‹ – meist im Plural ausgeteilt werden. ›Er hat sei Feng krieht.‹ – ›Nor net grob, sonst krije-Se Ihr Feng, eh' Se sich umgucke.‹ (Niebergall: ›Datterich‹). Das Wort ›Feng‹ leitet sich von ›fangen‹ ab, wobei jedoch das Fangen recht unfreiwilliger Natur ist. (Vgl. dazu auch den alten Jägerausdruck: ›den Fang geben‹, den Kaspar Stieler in seinem ›Teutschen Sprachschatz‹ von 1691 mit ›ferire bestiam‹ = ›ein Tier abstechen‹ erläutert.)

Ferkel [S] ›Ferkel‹; ›ferkeln‹ = ›Ferkel werfen‹, ›verferkeln‹ = ›verwerfen, eine Fehlgeburt haben‹ (vom Schwein). Von einem unruhig und nervös hin und her laufenden Menschen sagt man in Hessen: ›Er läft erum wei e Muck, die verferkeln will.‹

Fissemadende ›Fissemadende‹ sind ›Umstände, künstliche Schwierigkeiten‹; das Wort wird nur im Plural gebraucht. ›Fissemadende mache‹ = ›sich aufspielen, sich zieren‹. Die ›Fissemadende‹ sind aus der Entstellung eines Gelehrtenausdrucks entstanden und gehen auf griechisch ›phýsema‹, pl. ›physémata‹ = ›die Blase, das Aufgeblasene, das Geschraubte‹ zurück.
In einer anderen Ableitung wird ›Fissemadende‹ (hochdeutsch ›Fisematenten‹) mit dem mittelhochdeutschen Ausdruck ›visament‹ in Verbindung gebracht, was in der Heraldik soviel wie ›unverständlicher Zierat‹ bedeutete.
Natürlich fehlt es nicht an scherzhaften Erklärungen. So sollen die französischen Besatzungssoldaten zu Napoleons Zeiten den Mainzer Mädchen zugerufen haben: ›Visitez ma tente!‹ (›Komm in mein Zelt!‹) Tatsächlich wird ›Fissemadende mache‹ oft mit ›sich in Liebesdingen sträuben, sich zieren‹ in Verbindung gebracht.

Fittich *Fitch* [M] ›Fittich‹ bzw. ›Fitch‹ (Mehrzahl: ›Fitche‹ oder ›Fitch‹) kann mehrere Bedeutungen haben: 1. ›Flügel‹, abgeleitet aus mittelhochdeutsch ›vitech‹, ›vetich‹ (auch das Wort ›Feder‹ hat denselben Stamm); 2. im übertragenen Sinn: ›loser Vogel, Windbeutel‹; 3. ›Rock, Wams‹, wobei die ›Fitche‹ wohl bildlich für die Rockschöße zu verstehen sind. So waren auch mit ›Schlawitche‹ oder ›Schlafittche‹ – wörtlich die ›Schlagflügel‹ – ursprünglich die Rockschöße gemeint, woraus die Redewendung entstand: ›eim am Schlawitche hawe‹ (oder ›krieje‹) = ›einen erwischen‹.

Flabch *Flapch* *Flabbes* *Flappes* [M] ›Flabch‹ ist ein charakterloser, unzuverlässiger Kerl, der mit dem entsprechenden Eigenschaftswort ›flabchich‹ (›flapchig‹) = ›charakterlos, unzuverlässig‹ zu bezeichnen wäre. ›Mit dem flabchiche Kerl will ich nix zu dhun hawe. Da stelle sich mer die Härcher‹. ›Flabch‹ ist wohl aus ›Flabbe‹ (›Flappe‹) = ›klatschender Schlag, Ohrfeige‹ und ›flabbche‹ (›flapchen‹) = ›ohrfeigen, schlagen‹ entstanden (vgl. engl. ›to flap‹ = ›klappen, schlagen‹).

flatchern *flatschern* [Schw] ›flattern, fliegen‹: ›Unsern Vochel is fortgeflatchert.‹ In Frankfurt hat ›flatchern‹ auch die Bedeutung von ›schlagen‹: ›Ich flatscher der aa.‹ ›Hinflatschern‹ ist soviel wie ›hinfallen‹: ›Er is ganz schee hingeflatschert.‹

Fledderkuche [M] Ein ›Fledderkuche‹ ist ein kleiner, aus Brotteig und geriebenen Kartoffeln gebackener Kuchen.

Fleez ›Fleez‹ bezeichnet einen trägen, aber auch groben, flegelhaften Menschen. Das Zeitwort ›fleezen‹ = ›sich rekeln, sich nachlässig und bequem hinsetzen‹: ›Fleez dich net so erumm!‹ Das Wort stammt vom mittelhochdeutschen ›vletzen‹ = ›sich ausbreiten‹ und ›vletze‹ = ›geebneter Boden, Tenne‹, von althochdeutsch ›flah‹ hergeleitet.
In Frankfurt brachte man früher ›Fleez‹ mit dem protestantischen Kontroverstheologen Matthias Flacius (1520–1575) in Verbindung, der sich einige Zeit in der Stadt aufhielt und ein sehr streitbarer und grober Herr gewesen sein soll. Ein typisches Beispiel dafür, daß die Volksetymologie sehr gern auf Anekdoten zurückgreift.
Kaspar Stieler führt das Zeitwort ›hinfletschen‹ = ›zurücklehnen, es sich bequem machen‹ auf.

Flittch *Flittich* [M] Wie ›Fittich‹ so heißt auch ›Flittch‹ 1. Flügel und 2. im übertragenen Sinn ›Rockaufschläge‹. (›Krëi in ôm Flittch.‹) In einer dritten Bedeutung bezeichnet es außerdem noch einen ›leichtsinnigen Kerl‹, oder, häufiger noch, in der weiblichen Form ›e Flittche‹ ein ›leichtsinniges, loses Mädchen‹. ›Wenn ich dich noch emol mit dem Flittche seh, kannste was erlewe!‹ Die Redensart: ›Er läßt die Flittch hängen‹ bedeutet soviel wie: ›Er ist abgemattet.‹

Entstanden ist das Wort aus mittelhochdeutsch ›flittich‹, ›vletach‹ = ›Flügel‹ und ›vledern‹ = ›flattern‹.

Floh [M] Pulex irritans. Der auch im Hochdeutschen so benannte ›Floh‹ kommt in zahlreichen Redensarten und Ausdrücken vor: 1. ›Jemandem en Floh ins Ohr setze‹ = ›jemanden durch eine Mitteilung beunruhigen, ihm etwas einreden‹. ›Springinsfeld hatte mir einen unruhigen Floh ins Ohr gesetzt‹ (Grimmelshausen: ›Simplicissimus‹). 2. ›Er hört die Fleh huste‹ = ›Er hört, was gar nicht zu hören ist.‹ Meist wird das von einem Menschen gesagt, der mit seinen Ahnungen und Befürchtungen zu weit geht. 3. ›Sie is schwerer zu hite (hüten) als e Dutt voll Fleh!‹ (zuweilen auch: ›e Sack voll Fleh‹). Die Redewendung kennzeichnet die Schwierigkeit, jemanden unter Aufsicht zu halten, und wird besonders im Zusammenhang mit jungen Mädchen und Kindern gebraucht. Auch in verschiedenen Zusammensetzungen tritt der Floh auf, so in ›en (e) Flehhutch‹ = ›ein Taugenichts‹ bzw. ›eine leichtsinnige Frau‹ und in ›en Flehsack‹, die Bezeichnung für einen nicht gerade reinlichen Menschen, der voller Flöhe ist.

Forz [M] ›Furz‹. Die Mehrzahl der Dialektform ist ›Ferz‹. ›Ferz‹ sagt man im Hessischen für ›Unsinn, Übertreibung, Possen, Unnötiges‹, analog etwa zu ›Wind‹, der einmal ›Luftzug‹ bedeutet und zum anderen auch ›Prahlerei‹. Das Wort wird in verschiedenen Redensarten gebraucht: 1. ›Das sin Ferz mit Kralle‹ = ›Das ist barer Unsinn.‹ 2. ›Laß die Ferz‹ = ›Laß den Unsinn.‹ 3. ›Eichene Ferz rieche guhd‹ (›Suus cuique crepitus bene olet‹) = ›Gegen das, was von einem selbst stammt, hat man nichts‹ – ein Sprichwort, das übrigens schon die alten Griechen kannten.

Zum selben Thema gibt es auch ein hessisches Rätsel, dessen Lösung durch das Stichwort gegeben ist:

›Lieber Bruder, was ist das?
Es ist kein Fuchs und ist kein Has',
Es hat keine Haare und hat keine Haut,
Und kreischt doch immer, immer laut.‹

Fuchs [M] Canis vulpes. So wie der Floh kommt auch der Fuchs in zahlreichen hessischen Redensarten vor: 1. ›en Fuchs iwwern Tisch hetze‹ = ›sich über den Tisch übergeben‹ (vgl. dazu bei Grimmelshausen: ›einen Fuchs schießen‹ = ›sich erbrechen‹). Heute wird dieser Ausdruck allerdings kaum mehr verwendet. 2. ›den Fuchsschwanz streiche‹ oder auch ›fuchsschwänze(n)‹ = ›auf dumme Art schmeicheln‹. Die Zusammensetzung ›verfuchsschwänze(n)‹ bedeutet: ›verleumden‹. ›Weil mir etliche darum gaben, daß ich sie nicht verfuchsschwäntzen solte‹ (Grimmelshausen: ›Simplicissimus‹). Ein ›Fuchsschwänzer‹ ist entsprechend ein ›Verleumder‹.
Das Zeitwort ›fuxen‹ (›fuchsen‹) = ›ärgern, quälen, sticheln‹ hat wahrscheinlich nichts mit dem Fuchs zu tun. Es ist eine Umbildung von lateinisch ›vexare‹ = ›quälen, mißhandeln‹. In Oberhessen findet man ›fucksen‹ (›fuchsen‹) zuweilen für ›ficken‹.

Fulda In einer hessischen Redensart wird gewarnt: ›Paß uff, daß es dir net geht wie em Abt von Fulda.‹ Dieser schaute nämlich der Schlacht bei Lützen (1632) zu und wurde von einer verirrten Kugel getötet.

Fulder [M] ›grober, ungeschlachter Kerl‹. ›Fulder‹ (die Bewohner Fuldas und seiner Umgebung) fanden früher als Erntearbeiter und Strohschnitter in Frankfurt Arbeit. Sie sammelten sich dort auf der Konstablerwache, die deshalb ›Dallesplatz‹ (siehe ›Dalles‹) genannt wurde. Die Frankfurter Bürger schauten auf die ›Fulder‹ von oben herab und erlaubten sich ihre Späße mit ihnen. Das Wort ›Fulder‹ in der Bedeutung eines groben, ungeschlachten Menschen ist ein typisches Beispiel für städtische Arroganz gegenüber den Bauern, die sich in der Stadt nicht richtig zu benehmen verstanden. ›Er is en rechte Fulder.‹

fünfzehn Die Zahl fünfzehn taucht in der Redensart auf: ›mit jemandem korze Fuffzeh mache‹ = ›mit ihm kurzen Prozeß machen, schnell verfahren‹. Der Ausdruck ist wahrscheinlich aus dem Kartenspiel ›Fünfzehnern‹ abgeleitet, bei dem man mindestens 15 Stiche haben muß.

fussele(n) *futscheln* *fuscheln* [Schw] 1. ›etwas mit der Hand betasten, an etwas mit den Händen herumfahren, befummeln‹, 2. ›vielbeschäftigt sein, ohne dabei etwas zustande zu bringen‹. Die ›Fusel‹, ›Fuschel‹, meist ›Futschel‹ ist eine einfältige Person, die nichts fertigbringt. ›E aal Futschel.‹ Das ›Gefutschel‹ bezeichnet 1. eine ›schlechte, oberflächliche Arbeit‹ und 2. ›die Fummelei, das lüsterne Betasten einer weiblichen Person‹. ›Laß das Gefutschel!‹ Anstelle von ›Gefutschel‹ findet man auch ›Fuschelei‹, was jedoch zu Lessings Zeiten nichts anderes war als eine ›heimliche Schelmerei, betrügerische Handgriffe‹. ›Wer mit solchen Fuscheleien spielt...‹ (Lessing.)

G

gackeln *gaggele* [Schw] 1. ›gackern‹, 2. ›dumm oder spöttisch lachen und kichern‹, 3. ›schnattern, unaufhörlich schwatzen‹ (niederländisch ›gageln‹ = ›wie eine Gans schreien‹). Eine ›Gackel‹ ist eine geschwätzige oder eine stets zum Kichern aufgelegte Frau (mitunter auch eine aufgedonnerte Frau). ›Guck der nur die aal Gackel aa, sie babbelt sich noch Blase an die Zung.‹ ›Gackeln‹ in der Bedeutung von ›kichern‹ und ›schnattern‹ wird meist im Zusammenhang mit jungen Mädchen gebraucht: ›Die Eeser gackele in einer Duhr.‹ Das ›Gegackel‹ ist das unaufhörliche Geschnatter und Gekicher, und ›gackelig‹ (›gaggelich‹) soviel wie ›kichernd, schwatzend‹: ›des gaggelich Ding‹. ›Gickeln‹ ist die ablautende Form zu ›gackern‹ (vgl. englisch ›to giggle‹ = ›kichern‹). ›Wos is dann des for e Gegikkel?‹ (Niebergall: ›Datterich‹).

gacksen *gaggse(n)* [Schw] 1. ›gackern‹ (nur von Hühnern), 2. ›sich geckenhaft, töricht benehmen‹. Das Eigenschaftswort dazu ist ›gackselig‹ (›gaggselich‹). ›Guck der nur de gaggselich Kerl aa, er left mit em Frack zur Arwet.‹

›Gacksen‹ ist die verstärkte Form von ›gaken‹ = ›schnattern‹, mittelhochdeutsch ›gâgen‹. Davon leitet sich der Gänseruf ›Gikgak‹ ab, der in der Kindersprache zum Wort für die Gans wird.

›Es fleugt eine Gans wohl über den Rhein
Und kommt als Gikgak wieder heim.‹

Dieses Sprichwort findet sich in anderer Form schon bei Sebastian Brant (1457–1521): ›Als ist ein Gans geflogen us und Gikgak kumen wieder zu Hus.‹ Es bedeutet soviel wie: ›Man mag viel unternehmen, aber man ändert sich nicht.‹
›E Gikgak‹ ist im übertragenen Sinn ein ›dummes Weib‹.

ganfen [Schw] ›heimlich entwenden, einen kleinen Diebstahl begehen‹. Der ›Ganfer‹ (›Gamfer‹) und die ›Ganfe‹ (›Gamf‹) sind ein ›Gelegenheitsdieb‹ bzw. sein weibliches Pendant. Entstanden ist ›ganfen‹ aus dem rotwelschen ›Gannef‹ = ›der Dieb‹, das seinerseits auf hebräisch ›gannâv‹ zurückgeht.

gätze(n)
getze(n) [Schw] ›Gätzen‹ hat verschiedene Bedeutungen: so ›gätzt‹ das Huhn, wenn es ein Ei gelegt hat. ›Gätzen‹ wurde früher auch spöttisch von einer ledigen Frau gesagt, die über die Jahre des Gebärens hinaus war und doch noch nach einem Mann Ausschau hielt. ›Sëi gätzt noch, sëi lêkt (legt) awwer nëit mî.‹ Im weiteren Sinne ist ›gätzen‹ aber auch ›schwätzen, plaudern‹. ›Was dehâm die Aale schwätze, das doun die Junge weirrer (weiter) gätze.‹ Entstanden ist das Wort aus mittelhochdeutsch ›gagzen‹ = ›gackern‹.

Gedäts
Gedêds [S] ›unnötiges Getue, Aufwand, Lärm‹. ›Mach net so e Gedêds!‹ ›Gedäts‹ wurde aus ›die Tat‹ gebildet. Das hinzutretende ›s‹ verleiht dem Wort seine negative Bedeutung. Neben ›Gedêds‹ wird auch ›Gedeens‹ gebraucht.

gehippt ›Gehippt‹ ist wörtlich ›gehüpft‹ und kommt in dieser Form vor allem in der Redensart: ›gehippt wie gesprunge‹ vor. ›Des is gehippt wie gesprunge‹ heißt soviel wie: ›Es ist gleich, wie man es macht.‹

geilern [Schw] ›mutwillig tun, übermütig herumspringen, übermütig spielen, *gâlern* herumbalgen‹, auch von Tieren. ›Wann sich die Esel gâlern, dann getts anner Werrer (Wetter).‹ Das Hauptwort dazu ist das ›Gegâler‹: ›Das Gegâler von dene Kinner geht mer uff die Nerve.‹ ›Geilern‹ (›gâlern‹) ist aus mittelhochdeutsch ›geil‹ = ›mutwillig, übermütig, üppig‹ abgeleitet.

Gekerschel [S] ›Plunder, Gerümpel, wertloser Kram‹. ›Er is mit seim ganze Gekerschel ausgezôche.‹ Wahrscheinlich ist ›Gekerschel‹ aus ›Kehrsel‹, einer älteren Nebenform zu ›Kehricht‹, entstanden. Vgl. hierzu ›Koth und Kersel‹ in der deutschen Übersetzung der ›Piazza Universale‹ von Thomas Garzoni, Frankfurt 1659.

Gelärr ›Gelärr‹ bezeichnete ursprünglich ein ›baufälliges Haus‹, dann jedoch allgemein ›altes, wertloses Zeug, Gerümpel‹. In Frankfurt wurde es zu ›Gelersch‹ (›Gelerch‹) erweitert. ›Der wird uff seim aale Gelersch sitze bleiwe.‹ Entstanden ist ›Gelärr‹ aus althochdeutsch ›gelari‹ = ›Wohnung‹.

gelehm
glîm ›Weich, geschmeidig‹. ›Glîm‹ ist besonders in der Wetterau noch oft zu hören. ›Das Wearrer (Wetter) eas glîm.‹ ›Gelême‹ hatte bereits im Mittelhochdeutschen die Bedeutung von ›schmiegsam‹.

gemoppelt ›Doppelt gemoppelt hält('s) besser.‹ Diese besonders in Frankfurt zu hörende Redensart wird dann benutzt, wenn man etwas noch einmal tut, um ganz sicherzugehen – im selben Sinn etwa wie: ›Doppelt genäht hält besser.‹

Die Herkunft des Wortes ›gemoppelt‹ ist dunkel. Wahrscheinlich entstand die Redensart in Anspielung auf eine einstmals beliebte holländische Schnupftabaksorte, den ›Doppelmops‹, dessen Firmenzeichen zwei Möpse waren. ›Gemoppelt‹ kann natürlich auch um des Reimes willen entstanden sein. Aber bei der ehemaligen Schnupfbegeisterung ist es durchaus möglich, daß der ›Doppelmoppel‹, der so manche hessische Nase entzückte, zu der Redensart: ›Doppelt gemoppelt hält besser‹ führte.

Geriffel [S] ›Geriffel‹ ist: 1. das Gerippe, so z. B. das, was von einem Gänsebraten übrigbleibt, 2. das natürliche wie das künstliche Gebiß (›Ich

haach der aa ins Geriffel‹), 3. ein dürres altes Weib, das eine böse Zunge hat, und 4. – im weiteren Sinne von ›Gerippe‹ – ganz allgemein die Bezeichnung für einen dürren Menschen oder auch für ein dürres Tier. ›E Geriffel von en Kerl.‹
Entstanden ist ›Geriffel‹ aus dem Diminutiv von ›Gerippe‹ mit der Erweichung von ›p‹ zu ›f‹.

Gesteck [S] ›Gesteck‹ ist 1. eine verächtliche Bezeichnung für eine Frau oder ein Mädchen (›Dos lang Gesteck‹ – ›Sëi is e aal Gesteck‹), und 2. heißt es auch soviel wie ›Zustand‹: ›Er es gout ëam Gesteak‹ = ›Er ist guter Dinge, gesund.‹
Herzuleiten ist ›Gesteck‹ aus mittelhochdeutsch ›sticken‹, das neben der heutigen Bedeutung auch noch die von ›darstellen, gestalten‹ hatte.

Gewerzel [S] Besonders in Frankfurt ist ›Gewerzel‹ ein Sammelbegriff für kleine Kinder. ›Des klaa Gewerzel wächst mer iwwern Kopp.‹ Abgeleitet ist ›Gewerzel‹ von ›Wurzel.‹

Gickel
Gückel [M] ›ausgewachsener Hahn‹. ›Gickel‹ (neuhochdeutsch ›Gockel‹) ist aus dem französischen ›le coq‹ entstanden. ›Gickel‹ wird figürlich auch für ›Hochmut‹, ›Stolz‹ und ›Zorn‹ gebraucht. So in der Redensart: ›Es steicht (steigt) ihm der Gickel.‹ ›En Zorngickel‹ ist ein zorniger Kerl. Beim ›Gickelschmiß‹, der noch auf vielen hessischen Kirchweihfesten üblich ist (in Frankfurt findet er am ›Bernemer Mittwoch‹ statt), geht es den jungen Hähnen an den Kragen. Die ›Kerbburschen‹ stöbern sie in den Hühnerhöfen auf, schlachten sie und braten sie über dem offenen Feuer. Der Brauch, der bei den Gockelbesitzern nicht gerade beliebt ist, stammt aus vorchristlicher Zeit. Er war ursprünglich ein Fruchtbarkeitsritus.

›Heia, bobbeia, schlach's Gickelche doht,
's lecht mer kei Eier und frißt mer mei Brot!‹
(Kinderreim)

Gift [S] ›Gift‹, m. ›Zorn‹. ›Er hott 'n Gëaft uff'n.‹ Das Eigenschaftswort dazu ist ›giftig‹ (›giftich‹) = ›zornig‹. ›En giftiche Kerl is er, dem immer widder die Gäul dorchgehe.‹

gike(n) *gîke(n)* *gicke(n)* [Schw] 1. mit einem stumpfen Gegenstand in neckender Absicht stoßen oder stechen, 2. im übertragenen Sinn: ›necken, sticheln‹. Das von ›gîken‹ abgeleitete und häufiger gebrauchte ›gîkse(n)‹ hat dieselbe Bedeutung. So beschwerte sich ein Mädchen bei seiner Mutter: ›Mama, die Buwe giekse mich!‹, worauf die Mutter antwortete: ›Solang sie dich nur giekse, isses ghud.‹

glotze(n) [Schw] ›stieren‹. ›Glotz net so, sonst falle der die Aache aus em Kopp.‹ ›Glotzen‹ wird in Frankfurt oft anstelle von ›sehen‹ und ›schauen‹ gebraucht, besonders in Zusammensetzungen wie ›beglotze(n)‹ und ›anglotze(n)‹. Das ›Glotzaach‹ ist ein neugieriger Mensch, so auch der ›Glotzkopp‹. Beides wird im verächtlichen Sinn gebraucht, was wohl auch für das Zeitwort ›glotze(n)‹ selbst gilt. Abgeleitet ist ›glotze(n)‹ von altnordisch ›glotta‹ = ›hohnlächeln‹ und mittelhochdeutsch ›glotzen, starr sehen‹. Die Verwandtschaft mit englisch ›to gloat‹ = ›stieren‹ ist ebenso offensichtlich.

Gnatz [M] ›Grind‹. (Rheinhessisch: ›der Gneis‹, Diminutiv: ›Gneistsche‹). Das Eigenschaftswort dazu ist ›gnatzig‹ (›gnatzich‹), was 1. ›grindig, krätzig‹ bedeutet, 2. vom Brot gesagt werden kann, das nicht gut ausgebacken ist und einen Wasserrand hat. (›Das Brot is mer zu gnatzich‹), und drittens im übertragenen Sinn soviel wie ›rauh, widerspenstig, knauserig‹ ist. ›Sei net so gnatzich.‹
›Gnatz‹ geht auf das mittelhochdeutsche ›gnaz‹ = ›Schorf‹ zurück.

Gote *Gôd* [W] ›Patin‹. Das ›Gôdche‹ (›Gedche‹) dagegen ist das Patenkind. Die ›Gote‹ (›Gôd‹) kann jedoch auch die Großmutter oder eine alte Frau aus der Verwandtschaft sein. ›... nam ich meinen Petter (siehe dort) Melchior vor einen Vater, meine Göth, seine Frau, vor meine Mutter.‹ (Grimmelshausen: ›Simplicissimus‹.)
›Gote‹ geht zurück auf althochdeutsch ›gotâ‹, aber auch auf ›gotmuoter‹, das sich vom altnordischen ›godhi‹ = ›Priester‹ ableitet (vgl. engl. ›godmother‹ = ›Patin‹). Der Taufzeuge hatte im alten Taufzeremoniell eine halbpriesterliche Funktion; deswegen ist wahrscheinlich germanisch ›Priester‹ auf den Paten übergegangen.

Gradel [W] ›Astgabel‹. Auch die gespreizten Beine werden so genannt, be-

Grall sonders aber, wenn sie schief gewachsen sind. Ein ›Gradelarsch‹ (›Grallarsch‹) ist ein Mensch, der das Unglück hat, mit schiefen Beinen auf die Welt gekommen zu sein.
Das Zeitwort dazu ist ›grädeln‹ (›grälle‹): schw. ›die Beine spreizen‹. Die verstärkende Bildung ›grätschen‹ ist zu einem Ausdruck der Turnersprache geworden.
Abgeleitet ist ›grädeln‹ aus dem mittelhochdeutschen ›greten‹ = ›die Beine spreizen‹.

grappe(n) *grabbe(n)* [Schw] ›schnell zugreifen‹. Daneben gibt es auch die abgelautete Form ›grippen‹ (siehe dort), die jedoch weniger gebräuchlich ist als die verstärkende Bildung ›grappchen‹, ›grapse(n)‹, ›grapsche(n),‹ was soviel heißt wie: ›etwas schnell an sich reißen‹, auch im Sinne von ›stehlen‹. ›Er hat sei Lebtach gegrapscht, was ihm vor die Finger komme is.‹ Das Eigenschaftswort ›grappen‹ ist ›grappig‹ (›grappich‹) = 1. ›rasch zufahrend, streitsüchtig‹, 2. ›habsüchtig‹.

Gribs *Grübs* *Grebs* [M] ›Kerngehäuse von Birnen und Äpfeln‹, oder allgemein: ›sehr kleines Obst‹. ›Es sin nur lauter Gribs.‹ Einen ›Gribs‹ nennt man auch spöttisch einen im Wachstum etwas zurückgebliebenen Menschen, der nur eine ›halbe Portion‹ ist. ›Was will denn der Gribs?‹
Das Wort wird jedoch auch im durchaus positiven Sinne gebraucht, so in der Redewendung ›was im Gribs haben‹ = ›was auf dem Kasten haben, kein Dummkopf sein‹. ›Gribs‹ steht oft für das, was im Kopf steckt, nämlich für ›Gehirn‹, wohl zur Bezeichnung des Kernhaften im Gegensatz zur Schale. ›Gribs muß mer hawe!‹
Zuweilen hört man auch ›Gribs‹ für ›Kehlkopf‹. Adam soll nämlich, als er den Apfel der Erkenntnis aß, der ›Gribs‹ im Halse stecken geblieben sein. So kam der Mann zum Kehlkopf – und zum ›Gribs‹.

Grießbrei Der ›Grießbrei‹ wurde im Hessischen in folgender Redewendung sprichwörtlich: ›Wann's Grießbrei reechent (regnet), muß mer en Löffel hawwe zum scheppe‹ (schöpfen).

grippe(n) *greappe(n)* [Schw] ›rasch zugreifen, heimlich entwenden, lange Finger machen‹. Auch hier ist wie bei ›grappen‹ die verstärkende Bildung ›gripschen‹, ›gripsen‹ häufiger. ›Er kann's Gripsche net lasse.‹ ›Gripsche und laafe war eins.‹ ›Grippen‹ hängt mit ›greifen‹ zusammen (mhd. ›grîfen‹), von dem es die verstärkende Form darstellt: ›gripfen‹, hessisch ›grippen‹. ›Grippen‹ ging übrigens sowohl in die italienische Sprache (›grippo‹ = ›Raub‹) als auch ins Französische (›gripper‹ = ›fassen, stehlen‹) ein.

Groppe(n)
Grobbe
[M] ›gußeiserner Kochtopf‹. Das mittelhochdeutsche ›groppe‹ = ›eiserner Kochtopf‹ ist aus dem Präfix ›ge-‹ und althochdeutsch ›riopan‹ = ›rösten‹ entstanden. Daraus wurde althochdeutsch ›griupo‹ = ›Röstpfanne‹.

›En Groppe voll Erdebbel und e ghud Stick Flâsch, was will mer mehr.‹ Die Redensart ›so voll wie en Groppe sein‹ heißt soviel wie: ›betrunken sein‹. ›Ja, wenn ich em net immer hamlich die Hälft eweck trinke dhet, wär er owends so voll wei en Krobbe.‹ (Paul Quilling: ›Humoristisches Allerlei aus Sachsenhausen‹, 1883)

Grotze(n)
Grutze(n)
[M] ›Grotze‹ bedeutet wie ›Gribs‹ (siehe dort): ›Kerngehäuse der Äpfel und Birnen‹, es wird jedoch auch allgemein für verhutzeltes, verschrumpftes Obst und darüber hinaus für alles Kleine, Verhutzelte und Verkrüppelte verwendet.

In der Frankfurter Gegend wird ›Grotze‹ für ›Kehle, Gurgel‹ gebraucht. ›Ich dreh der de Grotze rum.‹ Die Redensart ›Er hat sich de Grotze abgesoffe‹ bedeutet soviel wie: ›Er hat sich totgesoffen.‹ Die ›Adamsgrotze‹ ist der Adamsapfel.

›En klaane Grotze‹ ist ein ›kleiner Junge‹ – im Unterschied zu ›Gribs‹, das allgemein für einen klein geratenen Menschen steht. Das Eigenschaftswort ›grotzich‹ ist ›verkrüppelt, zerstückelt, sehr klein‹, Das Zeitwort ›grutzen‹ (›grützen‹, ›grotzen‹, ›grotzeln‹) ist besonders auf dem Land noch zu hören. So nennt man das Abschneiden der Blätter von den Rüben ›grotzen‹. Zerschneidet man etwas in Stücke, ›vergrotzelt‹ man es. ›Vergrotzeln‹ ist vor allem auch das Trennen der Spreu von den Körnern. Vergleiche dazu neuhochdeutsch ›Grütze‹, die das von der Spreu befreite, grob gemahlene, reine Getreide bezeichnet.

Günter
Ginder
[S] ›Günter‹ ist der mit Wurstfüllsel gefüllte und dann gepreßte Schweinsmagen, der, geräuchert, erst im Sommer angeschnitten wird. Ein ›Bloudginder‹ ist der mit Blut und Speck gefüllte Schweins-

magen. Welches Ansehen der ›Ginder‹ genießt, beweist die Redensart: ›Es soll e Worscht sein, wenn's kân Ginder äass!‹
Heute wird anstelle von ›Ginder‹ meist ›Schwartenmagen‹ gesagt. Die Herkunft des Wortes ›Günter‹, das schon Erasmus Alberus im ›Novum dictionarii genus‹ von 1540 aufführt, ist nicht ganz klar.

Gusch *Gosch* [W] ›Maul‹, besonders in Frankfurt, Offenbach und im Rheinhessischen üblich. ›Verbrenn der net die Gusch!‹ sagt die Mutter dem Kind, wenn das Essen noch zu heiß ist.
›Gusch hängt wahrscheinlich mit dem Zeitwort ›keuchen‹, mittelhochdeutsch ›kuchen‹, zusammen.

gut ›Gut tun‹ (›goud doun‹) heißt soviel wie: ›sich brav verhalten, gut miteinander auskommen, etwas taugen‹. So ist einer, der ›net goud dout‹, jemand, der nichts taugt. Die Redensart wird auch im Zusammenhang mit Dingen und Ereignissen gebraucht: ›Allzuviel dout net goud.‹ Oder in einem Volkslied: ›So geht's, wenn man liebet zwei Bursche, das tut gewöhnlich kein gut.‹

H

Hackelcher Nur in der Mehrzahl gebraucht, sind ›Hackelcher‹ die ›Zähne‹, meist die des Kleinkinds. Ursprünglich bezeichnete man als ›Hakenzähne‹ die vier zwischen Schneide- und Backenzähnen stehenden kegelförmig bekrönten und an der Wurzel hakenförmigen Zähne. ›Häkerlein‹ wurden die Spitzzähne der Kinder genannt. Daraus wurde hessisch ›Hackelcher‹. ›Zeich mer mal dei Hackelcher!‹ ist die entsprechende Aufforderung an kleine Kinder.

Hadel *Haddel* [M] ›grob gewirktes Tuch, Lumpen‹. In der Wetterau spricht man von ›Hall‹. Die ›Hadel‹ bezeichnet ein zerlumptes Weib.
Entstanden ist ›Hadel‹, eine Nebenform zu ›Hader‹, aus dem französischen ›le haillon‹ = ›Lumpen‹ und mittelhochdeutsch ›hadel‹.

Hambel [M] ›Hambel‹ nennt man im Hessischen einen Menschen, der sich alles gefallen läßt, vor allem jedoch einen Ehemann, der unter dem

Pantoffel seiner Frau steht. Darüber hinaus bezeichnet ›Hambel‹ aber auch einen einfältigen, sich dumm anstellenden Kerl. ›Du bist awwer auch e rêchter Hambel.‹ (Niebergall: ›Datterich‹.)
Das Eigenschaftswort dazu ist ›hambelig‹ (›hambelich‹) = ›einfältig‹. ›Stell dich net so hambelich aa!‹ Die ursprüngliche Bedeutung von ›Hambel‹ ist ›Kot, Schmutz‹ sowie der Schmutzrand unten am Kleid. Diese Bedeutung ist noch in den Schimpfwörtern ›Dreckhammel‹, ›Sauhammel‹ und ›Schmierhammel‹ erhalten.

Hasebrot
Hasebrotche

So wurde früher der Rest des Brotes genannt, den der Jäger den Kindern von der Pirsch oder der Jagd mit nach Hause brachte. ›Es is Hasebrotche, do sin die Hesjer driwwergehippt un die Vechelcher hawwe driwwer gepfiffe.‹ Mit diesem Sprüchlein versucht man den Kindern die Reste eines Ausflugs schmackhaft zu machen.

Hassárt
Hassát

Das aus dem Französischen (›le hasard‹ = ›Zufall, Glück, Wagnis‹, was auf das arabische ›azzahar‹ = ›Würfel‹ zurückgeht) entlehnte Wort hat im Hessischen die Bedeutung von ›blindes Drauflosgehen‹, ›Gehässigkeit‹ und ›Groll‹ angenommen. Ein ›hassartiche‹ (›hassartige‹) Kerl ist ein ungestümer oder aber auch ein gehässiger Mensch. Sowohl bei ›Hassart‹ als auch bei ›hassartich‹ dominiert die Bedeutung ›Groll‹. ›Er hott en Hassat uffen (auf ihn).‹

Havele, havele, lane

Dies ist der Beginn eines alten Kinderliedes, das von Arnim und Brentano 1808 in ›Des Knaben Wunderhorn‹ aufgenommen wurde. ›Havele‹ ist wahrscheinlich aus ›häubeln‹ (›haiwele‹) = ›jemandem den Kopf raufen‹ entstanden.

Havele, havele, lane,
Die Fassnacht het ane.
Droben in dem Hinkelhaus
Hängt ein Korb voller Eier raus.
Droben in dem Firste
Hängen die Bratwürste.
Gebt uns die langen,
Laßt die kurzen hangen!

Ri, ra, rum!
Der Winter ist herum!
Veiole und die Blumen
Bringen uns der Sommer,
Glück schlag ins Haus!
Komm nimmermehr heraus!

Mit diesem Lied zogen die Kinder im alten Frankfurt von Haus zu Haus und sammelten Gaben ein. Goethe berichtet in ›Dichtung und Wahrheit‹, daß er den Fastnachtsängern ›mit wohltuender Behaglichheit Pfennige, Buttersemmeln und gemalte Eier zu reichen das Vergnügen hatte.‹ Dieser Umzug der Kinder geht auf den alten Brauch des Winteraustreibens zurück.

Hecke Das Sprichwort: ›Man sucht kaan hinner de Heck, wenn mer net selwer dehinner gesesse hot‹ drückt eine tiefe hessische Lebensweisheit aus.

heckeln *hickele* [Schw] ›auf einem Bein hüpfen‹. Das Wort wird jedoch auch in der Bedeutung von ›hinken‹ und ›schnappen‹ gebraucht. Mit großer Wahrscheinlichkeit hängt ›heckeln‹ (›hickele‹) mit dem hochdeutschen ›hinken‹ zusammen.

heint *haint* ›Heint‹ ist ›heute nacht‹, es kann jedoch auch ›vergangene Nacht‹ heißen. Meist wird durch das Tempus angegeben, um welchen Fall es sich handelt. ›Heint hûn aich gout geschlôfe.‹ – ›Haint denk aich gout zu schlôfe.‹ – ›Heint schmeckt mersch doch widder emol, gestert konnt ich gor net satt wern.‹ (Paul Quilling: ›Schrulle un Flause von hiwwe, driwwe und drauße‹, Frankfurt 1884.) Wer im übrigen ganz sicher sein will, daß ›heint‹ auch wirklich ›heute nacht‹ ausdrückt, der sagt ›heint nacht.‹
Abgeleitet ist ›heint‹ aus dem mittelhochdeutschen ›hînt‹, das seinerseits aus dem althochdeutschen ›hia naht‹ = ›diese Nacht‹ entstanden ist.

Herzbennel [M] ›Herzbennel‹ (wörtlich ›Herzbändel‹) wurde früher die das Herz umschließende Haut genannt. ›Die kann's net uf dem Herz behalte, sunst wehr-er der Herzbennel geblatzt!‹ (Niebergall: ›Datterich‹).

Seufzt man: ›Des drickt mer de Herzbennel ab‹, so will man damit sagen, daß einen etwas zu Tode bedrückt.

Hinkel [S] ›Huhn‹. ›E daab Hinkel‹ ist die wenig schmeichelhafte Bezeichnung für eine Frau, die nicht nur nichts hört, sondern auch noch schwer von Begriff ist.

Hobsch [M] Mehrzahl: ›die Höbsch‹, eine besonders in Frankfurt beliebte Bezeichnung für einen kleinen Jungen. ›Ihne ihrn Hobsch hat mer die Scheib eigeschmisse.‹ ›Hobsch‹ ist wohl aus ›hopsen‹ entstanden.

Hochseicher [M] Das schöne Wort ›Hochseicher‹ setzt sich aus ›hoch‹ und ›seichen‹ = ›pissen‹ zusammen und bezeichnet einen hochtrabenden, angeberischen Menschen. ›Der aal Hochseicher hot sich die Sigár (Zigarre) mit em Zehnmarkschei angesteckt.‹ Neben ›Hochseicher‹ ist auch ›Hochbrunzer‹ üblich.

Hocke
Höckin
Höckerin [W] ›Marktfrau‹. Die männliche Form ›Hocke‹ (›Höcker‹) wird nicht mehr gebraucht. ›Hocke‹ ist von ›hocken‹ abgeleitet, hockten doch die Marktfrauen und Kleinkrämer früher vor ihren auf dem Boden ausgebreiteten Waren. ›Sie hat e Maul wie e Hock.‹

hockeln
hockele [Schw] ›Hockeln‹ heißt soviel wie ›jemanden auf dem Rücken tragen‹ und stellt eine verstärkende Bildung von ›hocken‹ dar; abgeleitet ist es von mittelhochdeutsch ›hûchen‹ = ›kauern‹. ›Mancher Narr mag gar nichts von dem Tod reden oder gedencken hören und meinet, daß er gleich deßwegen kommen, ihme aufhückeln werde.‹ (Grimmelshausen: ›Simplicissimus‹.) ›So will ich euch hockeln‹ (Gebrüder Grimm in ihren Märchen).
Auch in der Anekdote ›Aus dem Jahre 1866‹, die Paul Quilling in seinem Büchlein ›Schnick-Schnack‹, Frankfurt 1898, erzählt, kommt das Wort vor. Ein preußischer Offizier fragt da einen Sachsenhäuser: ›Jeht man hier nach der Zeil?‹ ›Gehockelt werd kaaner!‹ war die brummige Antwort. ›Hockeln‹ nennt man auch den Begattungsakt der Tiere, besonders bei Hunden, und im verächtlichen Sinn den menschlichen Beischlaf.

hoppla Eine Redensart für Unvorsichtige: ›Sach net ehnder hoppla, bis de iwwer de Bach bist.‹

Huck [W] ›Buckel, Rücken‹. Das Wort ist mit dem hochdeutschen ›Hökker‹ und mit ›hoch‹ verwandt und leitet sich von mittelhochdeutsch ›hocker‹ ab.
Hinter den Redensarten ›Ich haach (haue) der die Huck(e) voll‹ oder: ›Ich liech der die Huck voll‹ steht der Gedanke, daß der Betroffene viel daran zu tragen hat.

Hudel *Huddel* [M] ›Lumpen‹ (siehe auch ›Hadel‹). ›E Huddel‹ – dieses Wort existierte übrigens schon im Mittelalter – wird ein zerlumptes Weib genannt. Das Zeitwort ›huddele‹, das schwach flektiert wird, heißt zunächst ›ausschimpfen‹. In dieser Bedeutung von ›molestieren‹ findet man ›hudeln‹ auch in Kaspar Stielers ›Teutschem Sprachschatz‹ von 1691. In anderem Sinn wird ›hudeln‹ aber auch für ›pfuschen, schlecht und oberflächlich arbeiten‹ verwendet. ›Er hat alles verhuddelt.‹ Der ›Huddeler‹ ist der ›Pfuscher‹, weiblich ›die Huddlern‹. ›En Huddeler wie er schließt das Wasser am Gas aa.‹ ›Man sollte dem Hudler die Hände abhacken, wann er nicht besser schneidern kan‹ (Grimmelshausen: ›Simplicissimus‹). Als ›Gehuddel‹ bezeichnet man eine Pfuscherei. ›Des is e bees Gehuddel.‹

Hut ›Da sitzt's un hot e Hütche uff‹ sagt man von jemandem, der unentschlossen ist oder zögert.

hutche(n) [Schw] 1. ›schützen, decken‹. ›Die Gluck hutcht die Küken.‹ 2. ›sich warm halten, verzärteln‹. ›Er hutcht de ganze Daach hinnerm Ofe.‹ Das Hauptwort ›Hutch‹ bezeichnet sowohl einen Schwächling und Stubenhocker als auch einen Tagedieb und Taugenichts, letzteres besonders in der Zusammensetzung ›Läushutch‹, das ein ausgewachsenes Schimpfwort darstellt.
Harmloser ist die Zusammensetzung ›Stubehutch‹ (›Stuwwehutch‹) = ›Stubenhocker‹. ›Hutchen‹ ist, etymologisch gesehen, eine Weiterbildung von ›hüten‹, althochdeutsch ›huotan‹, mittelhochdeutsch ›hueten‹ (vgl. englisch ›to heed‹ = ›beachten‹).

I

iewese
iwes
ëiwese

›Iewese‹ setzt sich zusammen aus ›ie‹ und ›was‹ (die althochdeutsche Form ›iowaz‹ ist nicht belegt) und heißt soviel wie: ›etwas‹, ›ziemlich‹. Gebräuchlich ist das Wort vor allem in der Wetterau. ›Dis Joar hot's iwes Hau (Heu) gegewwe.‹ ›Iewes‹ wird heute meist durch ›ebbes‹ ersetzt.

iwwerecks
überecks

Adverb. ›schief, verkehrt, überzwerch‹. ›Hên fängt alles iwwerecks aa‹ (Wetterau). Das Eigenschaftswort dazu ist ›iwwerecksich‹ (›iwwerecksig‹).
›De Kerl is so iwwerecksich, wenn er in sei Hose steiht (steigt), nimmt er e Leider.‹ Statt ›iwwercksich ‹hört man auch ›iwwerecks‹.
›Iwwerecks‹ ist der Gegensatz zu ›gerade‹: da paßt nicht Seite über Seite und Eck über Eck, sondern da liegt die Seite über Eck. Im ›Simplicissimus‹ heißt es: ›Folgende Tage ging's bey der Musterung bunt über Eck her.‹ In dieser Wendung ›über Eck‹ haben wir den Ursprung des Adverbs ›iwwerecks‹.

iwwerenzich

›Iwwerenzich‹, wörtlich ›überenzig‹, heißt soviel wie ›übermäßig, außerordentlich, übergenug‹. ›Wer heides Daags ehrlich und geacht dorch die Welt komme will, der hot iwwerensig mit sich zu schaffe.‹ (Niebergall: ›Datterich‹.) ›Überenzig‹ ist eine Weiterbildung von ›überig‹ (›iwweroch‹) = ›übrig‹.

J

jaunern

[Schw] ›schreien‹, und zwar von Hunden, Katzen und kleinen Kindern. Das Hauptwort dazu ist ›das Gejauner‹. ›Das Gejauner von ihne ihrm Köder kostet mich wertvolle Schlaf!‹ ›E Jaunerkatz‹ ist entsprechend ein ›Schreihals‹. ›Jaunen‹ hat zweifellos einen lautmalenden Ursprung.

jimmern
jemmern

[Schw] ›wimmern, wehklagen‹. ›Sei jimmert de ganze Doach!‹ ›Jimmern‹ entstand aus ›jammern‹, es bedeutet jedoch nicht lautes Klagen, sondern leises Vor-sich-hin-Wimmern.

K

Kaljes Die Redensart ›einem Kaljes machen‹ bedeutet soviel wie: ›jemandem ein Geschäft verderben‹. Das Wort leitet sich vom hebräischen ›Kaljes‹ her, das ›Verderben‹ bedeutet. Dieser Ausdruck ist heute noch hin und wieder zu hören, wird jedoch nicht ausschließlich mehr auf ein Geschäft bezogen. ›Dem mach ich Kaljes‹ heißt im weiteren Sinne soviel wie: ›Dem zahle ich es heim, den mache ich kaputt.‹

Kanuff [M] ›der Hinterlistige, Heimtückische, der unter der Maske des Biedermanns Böses ausheckt‹. Der Ausdruck geht zurück auf das hebräische ›chânûfâh‹ = ›Heuchelei‹. Heute ist der Ausdruck ziemlich veraltet.

kapores
kapore ›kaputt, zugrunde gerichtet‹. ›De ganze Kram is kapores, grad noch guhd fer die Millabfuhr.‹ ›Kapores‹ (›kapore‹) geht zurück auf das hebräische ›kappara‹, Mehrzahl: ›kapparot‹ = ›Versöhnungsopfer‹, das man am Tag vor Jom Kippur darbrachte. Ein lebender Hahn (oder eine Henne), den man sich dreimal ums Haupt schwingt, übernimmt dabei gleichsam die menschliche Schuld. Anschließend wird das Tier geschlachtet. Im übertragenen Sinn verstanden die Juden dann ›kappore‹ als einen auferlegten Fluch.

Kappe Die Redensart: ›newer de Kapp sein‹ heißt soviel wie: ›nicht ganz bei Trost sein, durcheinander sein‹. ›De Kerl is ganz newer de Kapp. Er trecht schwarz, weil ihm de Goldfisch verreckt is!‹
Die Herkunft der Redensart ist nicht geklärt. Aber eine plausible Erklärung bietet sich eigentlich von selbst an: Man ist so durcheinander, daß man nicht einmal mehr den Kopf findet, wenn man sich die Kappe aufsetzen will.

Kassel Der Ausdruck ›ab nach Kassel‹ heißt: ›zum Aufbruch drängen oder mahnen‹. Meist wird sie nur scherzhaft gebraucht. Die Redensart hatte jedoch für die Hessen ehemals eine wenig erfreuliche Bedeutung: Landgraf Friedrich II., der in Kassel von 1760–1785 regierte, verkaufte den Engländern, um seine Schulden loszuwerden, ein

Heer von 19000 Mann, das in Nordamerika gegen die aufständischen Kolonien eingesetzt wurde. ›Ab nach Kassel‹ wurde damit zu einer Aufforderung, der man nur sehr ungern Folge leistete.

Kaut [W] ›die Grube‹. ›Des Käutche‹ nennt man beim Murmelspiel die kleine Vertiefung, in die die Murmel hineingekugelt wird (siehe ›Klicker‹). Dirnen sollten nach einem Beschluß von 1546 in Frankfurt auf des Wasenmeisters ›Kaut‹ begraben werden.
›Kaut‹ geht zurück auf lateinisch ›cavatus‹ = ›ausgehöhlt‹, von ›cavare‹ = ›ausgraben, aushöhlen‹.

keck
käack Das Eigenschaftswort ›keck‹ hat im Hessischen seine alte Bedeutung von althochdeutsch ›chec‹, mittelhochdeutsch ›quec, keck‹ = ›lebendig, lebhaft‹ beibehalten. Die neuhochdeutsche Bedeutung ›übermütig, dreist, herausfordernd‹ ist in der Mundart nahezu unbekannt. So nennt man ein munteres, lebhaftes, schönes Mädchen ›e käack Mâdche‹. ›Keck‹ ist aber auch ›stark, stramm‹ und ›dick‹, letzteres besonders im Vogelsberg. ›E käack Këind‹ ist ein braves Kind. Im Vogelsberg heißt eine dicke, stramme Frau ›e käack Mensch‹. ›E kecker Ochs‹ ist ein starker, dicker Ochse. All diese Bedeutungen gehen von der Vorstellung des Lebendigen aus, wie sie das althochdeutsche ›chec‹ und das entsprechende lateinische ›vivus‹ kennzeichnet.

Kelch
Kalch
Kalk [M] Der ›Kelch‹ ist nicht nur das kostbare Trinkgefäß, sondern auch der fleischige Teil, der zwischen Kinn und Hals des Menschen herabhängt; man erinnere sich an den König Drosselbart im Märchen, der einen solchen ›Doppelbart‹ besaß.
›Kelch‹ ist in dieser Bedeutung von dem althochdeutschen ›chela‹ abgeleitet, was zu neuhochdeutsch ›Kehle‹ wurde. Im Altbairischen war ›Chelch‹ (›Chelc‹) der ›Kropf‹.
Im Vogelsberg sagt man von einem, der sein Unterkinn besonders vorschiebt: ›E macht en decke Kelch wie e Ruckeldub‹ (Ruckeltaube).

Kerschel [S] ›Plunder, Abfall‹ (siehe ›Gekerschel‹). Die ursprüngliche Bedeutung von ›Kerschel‹ (aus ›Kersel‹ = ›Kehricht‹) ist heute nicht mehr gegeben. ›Kerschel‹ ist weniger der Müll als der Plunder und alter, wertloser Kram. ›Er hat de ganz Wohnung voller Kerschel. Mer weiß net, wo mer hindappe soll.‹

Kieber
Kleawwer
Klewwer [W] (seltener m.) ›der Käfer‹, Mehrzahl: ›die Klewwern‹. ›Die Maikleawwer‹ (Maikäfer) wird zuweilen auch ›Hoinerkleawwer‹ (Hühnerkäfer) genannt, fütterte man doch früher die Hühner damit in dem Glauben, sie würden dann besonders gut legen. Im Vogelsberg heißt der Maikäfer ›die Klette‹ (›Kleatte‹) oder ›Hoinerkleatte‹. ›Klette‹ ist von ›klettern‹ abzuleiten wie ›Kleber‹ von ›kleben‹.

kippe(n)
këabbe [Schw] ›an der Spitze abhauen‹. Bekannt ist in Hessen das ›Eierkippen‹ zur Osterzeit, bei dem man die Eier mit der Spitze gegeneinander schlägt. Derjenige, der das unversehrte Ei hat, ist Sieger. Im Mittelhochdeutschen gibt es ein ›kippen‹ in der Bedeutung von ›schlagen, stoßen‹. Es ist eine ablautende Form zu ›kappen‹ = ›die Spitze abhauen‹.

kippeln [Schw] ›streiten, zanken‹. ›...und fingen an mit uns zu kippeln‹ (Grimmelshausen: ›Simplicissimus‹). ›Erst gehn-se zusamme aan drinke, dann kippele se sich.‹ ›Kippeln‹ ist eine ablautende Form zu ›kappeln‹, was soviel bedeutet wie: ›jemandem eine auf die Kappe geben‹, sowohl im eigentlichen als auch im übertragenen Sinn.

Kitzelarsch [M] Ihrer brennenden, beißenden Wirkung wegen nennt man die Hagebutte ›Kitzelarsch‹.

Klauter
Klauder [W] Mehrzahl: ›Klaudern‹, ›kleine Geschwulst‹, auch Hautschwellung, die durch einen Insektenstich oder durch Brennesseln verursacht wird. ›Klauter‹ geht auf mittelhochdeutsch ›klûter‹ = ›Befleckung, Schmutz‹ zurück.

klawatsche(n) [Schw] ›schwatzen, klatschen‹. ›Die aal Babblern hert net uff zu klawatsche.‹ Die ›Klawatsch‹ ist eine Frau, deren Mund nicht still steht. Die Frankfurter würden ›e Babbelschnut‹ sagen.
›Klawatschen‹ ist zweifellos von ›klatschen‹ herzuleiten. Ein lautmalendes Element ist bei ›klawatsche‹ unüberhörbar.

Kloben [M] Neben den neuhochdeutschen Bedeutungen wie 1. ›großer
Glowe gekrümmter Nagel‹, 2. ›Scheitholz‹, 3. ›Gebinde aus Flachs‹ ist der ›Kloben‹ (meist in der Verkleinerungsform ›das Klöbchen‹, ›Glöbche‹) auch die kurze Tabakspfeife. ›Der mit seim aale Glöbche, des stinkt, daß mer glaabe kennt, er deht sei Socke raache.‹

D'r Tuwoacks-Balzer ean sei Lies
Däi soasse hinnerm Owe;
D'r Fraa woarsch für d'r Aerwet mies,
D'r Mann der pluotzt sein Klowe.

(Peter Geibel: ›Gedichte in Wetterauer Mundart‹, Friedberg 1903, 9. Aufl.)

kloppe(n) [Schw] ›klopfen‹. Im Hessischen bedeutet ›kloppe‹ auch ›betteln‹, gingen doch die Bettler von Haus zu Haus und klopften an die Türen. ›Dein Ranze ëass so voll, daß mer meine sollte, du hetst iwwerall erimm gekloppt.‹ ›Abkloppe‹ war ursprünglich ›bettelnd von Haus zu Haus gehen‹. Es bedeutet jedoch heute soviel wie ›etwas suchend durchstreifen‹. ›Ich hab die ganz Gechend abgekloppt un nix gefunne.‹
Die Wendungen ›Karte kloppe‹ = ›Karten spielen‹ ist wohl von der Tatsache herzuleiten, daß derjenige, der einen Trumpf ausspielt, die Karte auf den Tisch knallt (›klopft‹). Im letzten Jahrhundert kannte man in der Wetterau ein Kartenspiel, das ›Kloppes‹ (›Globbes‹) genannt wurde. ›Klopfes‹ ist hierbei der Genitiv des Infinitivs. ›Sprüche kloppen‹ (›Sprich kloppe‹) heißt soviel wie ›große Reden führen‹. Der Ursprung dieser Redewendung dürfte ähnlich sein wie der von ›Karte kloppe‹. Auch der ›Sprichklopper‹ bekräftigt das, was er zu sagen hat, mit Schlägen auf den Biertisch. Dies mag dazu geführt haben, daß in Frankfurt ›kloppe‹ ein Synonym für ›lügen‹ wurde. ›Er kloppt, daß mer nemmer weiß, ob mer de Kerl iwwerhaupt noch ânhöre soll. Er liecht (lügt) wie gedruckt.‹ Der ›Klopper‹ ist entsprechend der ›Lügner‹.

Klosterbeere [W] ›Stachelbeere‹, ribes grossularia. Der Name ›Klosterbeere‹ hat nichts mit dem Kloster zu tun. Lateinisch ›grossularia‹ = ›die Form einer kleinen Feige habend‹ gleicht sich durch Lambdazismus (darunter versteht man die Wandlung von ›r‹ zu ›l‹) dem Wort ›Kloster‹ an.

Klotz *Glaadz* [M] ›Klotz‹, Dim. ›Klötzi‹ (›Gledzî‹) ist ein klotziger, dummer, störrischer Kerl, der sich nicht zu benehmen weiß. Diese Bedeutung hat auch die Zusammensetzung ›Hackgletzi‹ (›Hackklötzchen‹). ›Guck der nur des Hackgletzi aa, stolpert iwwer sei eichene Baa.‹ Für die Frankfurter ist jeder, der vom Land kommt und in der Stadt nicht richtig aufzutreten versteht, ›e Hackgletzi‹.

Klunter *Klonter* [W] ›Kluntern‹ nennt man in Hessen Teigklümpchen aus Mehl und Eiern, die man in der Suppe kocht. Sie geben ihr den Namen ›Klontersupp‹.

›Klunter‹ hat denselben Stamm wie das niederdeutsche ›Klunder‹: althochdeutsch ›clôz‹ = ›geballte Masse, Kugel‹. ›Kluntscher‹, aus ›Klunter‹ entstanden, ist ein ›Bonbon‹. ›Er kann net babbele, er hat's Maul voller Kluntscher.‹

Knallaach [S] ›durch einen Schlag geschwollenes Auge‹. Führte der Schlag zu einer Blaurotfärbung des Auges, so spricht man in Frankfurt von einem ›Resi‹ (›Röschen‹). ›Knallaach‹ wird auch als Schimpfwort für einen dummen, frechen Menschen benutzt.

Kneipche [S] ›kleines Messer‹. ›Uff dem stumpe Kneipche kannste nach Rom reite.‹ ›Kneipche‹ geht auf mittelhochdeutsch ›knîfe, knîp‹ = ›Messer‹ zurück, was wiederum von mittelhochdeutsch ›knîfen‹ = ›kneifen, kratzen‹ abgeleitet ist. (Vgl. englisch ›knife‹ = ›Messer‹ und französisch ›le canif‹ = ›Federmesser‹.)

Knerzje *Knerzi* [S] Verkleinerungsform zu ›Knorz‹: das krustige Anfangs- und Endstück des Brotes. ›Des Knerzi is des Beste vom Brot.‹

›E Knerzi‹ ist überdies auch die Bezeichnung für einen dicken, knorrigen Kerl. In dieser Bedeutung findet sich das Wort schon in der Übersetzung der ›Piazza Universale‹ von Thomas Garzoni (Frankfurt 1659): ›Du bist e großer Knortz.‹ ›No Nikelees, dou host ja widder en scheene Abeditt, den Zabbe Worscht un deß Knerzi Brud.‹ (Paul Quilling: ›Schrulle und Flause‹.)

Knick Die Redensart: ›einem den Knick geben‹ heißt: ›ihm den letzten Stoß versetzen, ihn endgültig verderben, fertigmachen‹. ›Ich hawwen (habe ihm) de Knick gebbe, des kannste mer glaabe.‹

knorze(n) [Schw] ›mit einer Arbeit nicht recht vorankommen‹. ›Er knorzt schoo acht Daach erumm un is immer noch net fertich! Kaa Wunner, er werd fer die Stunne (Stunden) bezohlt.‹ ›En Knorzer‹ ist ein ›langsamer Arbeiter‹, und das, was er zustande bringt, dementsprechend ›e Geknorze‹. ›Knorzen‹ dürfte eine verstärkende Weiterbildung von ›knorren‹ = ›etwas mit Knorren versehen‹ sein.

knottern [Schw] ›halblaut vor sich hin schimpfen.‹ ›Mer kann em nix recht mache, er knottert nur.‹ ›Das Geknotter‹ ist ›halblautes Geschimpfe‹. ›Her mer uff mit dem Geknotter.‹
Kaspar Stieler führt in seinem ›Teutschen Sprachschatz‹ ein ›knottern‹ auf, dem er nicht nur die Bedeutung von ›knittern‹ und ›knattern‹ beilegt, sondern auch von ›zanken‹ und ›schelten‹. ›Knattern‹ wie ›knittern‹ gehen auf das althochdeutsche ›gnêtan‹, ›knitan‹ = ›reiben‹ zurück.

Korze [M] ›Korze‹ (›Kurzer‹) ist der hessische Ausdruck für ein Glas Schnaps, und zwar wohl deshalb, weil man einen ›Korze‹ in einem einzigen schnellen Schluck durch die Kehle jagen kann.

kräckse(n) [Schw] ›übertrieben jammern, ohne jedoch einen Grund zu haben‹. ›Er kräckst erum, dabei hat em nur e Mick (Mücke) uff de Fuß gedrede (getreten).‹ ›En Kräckser‹ ist jemand, der stets etwas zu jammern hat.
›Kräckse(n)‹ entspricht dem neuhochdeutschen ›krächzen‹, das im 18. Jahrhundert in der Bedeutung von ›murren, ächzen‹ aus ›krachen‹ entstand.

Kränke
Krenk Das ursprünglich ›Krankheit‹ und ›Schwäche‹ bedeutende Wort (entstanden aus mittelhochdeutsch ›krenke‹) wird heute nur noch in dem Fluch: ›Die Krenk sollste krieje!‹ gebraucht, was jedoch gar nicht so böse gemeint sein muß, wie es klingt. Berühmt ist die 1845 aufgekommene Redensart: ›Krieh die Krenk un wer Deitschkado-

lisch!‹ Die andere Version: ›Krieh die Krenk, Offebach – die Staa binne se aa un die Hunde lasse se laafe‹ soll auf das Erlebnis eines Frankfurters zurückgehen, der in Offenbach von einem Hund gebissen wurde. Als er einen Stein aufheben wollte, um sich zu wehren, war dieser zu allem Unglück auch noch angefroren. Bei dieser Anekdote handelt es sich jedoch um eine uralte Geschichte. Schon Tallemant des Réaux (1620–1694) kennt sie. Nur ist es bei ihm ein Spanier, der in Paris das Pech hatte, von einem Hund angefallen zu werden. Er schrie: ›Peste du pays! On y attache les pierres et on y lâche les chiens.‹ Wie dem auch sein mag – der Frankfurter war nicht ganz unbelesen!

Krawall [M] ›kleiner Aufruhr, lärmender Auflauf, der zu nichts weiter führt.‹ Das Wort soll 1830 bei den Aufständen anläßlich des Kartoffelkriegs in Oberhessen aufgekommen sein. Es ist zuerst in Hanau belegt. Gebraucht wird es in Redensarten wie etwa: ›Mach net son Krawall!‹ oder: ›Erst en Mordskrawall un nachher ziehe se die Schwenz ei.‹ In Frankfurt heißt ein Lokal ›Die Krawallschachtel‹.

Ob sich nun ›Krawall‹ über das bairische ›Grabel‹ oder ›Grewell‹ (aus ›Ge-rebelle‹) von französisch ›charivari‹ = ›Lärm‹ herleitet, kann nicht eindeutig geklärt werden. Festzuhalten ist jedoch die Tatsache, daß ›charavall‹ (was auf mittellateinisch ›charavallum‹ = ›Lärm‹ zurückgeht) sich in einer lateinisch abgefaßten bischöflichen Urkunde von 1338 als Bezeichnung für ein schändliches Spiel findet.

kreische(n) [St] ›krisch‹ (›krëasch‹), ›gekrische‹ (›gekrëasche‹) wird im Hessischen anstelle von ›weinen‹ gebraucht. ›Sie hat so lang gekrëasche, bis se sich de naue Hout kaafe kunnt.‹

Kreppel *Krebbel* [M] eine Verkleinerungsform von ›Krapfen‹, Schmalzgebäck, das in der Fastnachtszeit hergestellt wird. Die Redensart ›uffgehe wie en Krebbel‹ heißt soviel wie ›dick werden‹.

›Jetzt habt err Maachzwicke un de Bauch geht euch uff wie en Kreppel.‹ (Kurt Sigel: ›Feuer de Maa brennt...‹)

kretsche(n) *krädsche(n)* [Schw] ›nörgeln, schimpfen‹. ›Er is en aale Krädscher‹ = ›Er ist ein alter Nörgler‹. ›Kretschen‹ geht auf mittelhochdeutsch ›kristen‹

(›krîzen‹), niederdeutsch ›krîten, krêten‹, niederländisch ›krijten‹ zurück und ist wie ›kreischen‹ eine Weiterbildung von mittelhochdeutsch ›krien‹ = ›schreien‹. Neben ›kretschen‹ gibt es noch die Formen ›krestern‹, ›krierzen‹ und ›kresseln‹, die jedoch heute immer mehr hinter ›kretschen‹ zurücktreten. Die Redensart: ›Des Krîzerche iss merr liwwer bie (wie) des Prâlerche‹ besagt soviel wie: ›Ein Nörgler ist mir lieber als ein Aufschneider.‹

L

labbsich
lebsch ›Ohne Geschmack, salzlos‹ (meist von Speisen). ›Es gab was Lebsches und nix zu trinken.‹ ›En lebsche Kerl‹ ist ein saft- und kraftloser Kerl. ›Labbsich‹ geht auf das niederdeutsche ›lappen‹ = ›schlabbern‹ zurück, gibt es doch auch das Eigenschaftswort ›labberich‹ in der Bedeutung von ›weichlich‹, das ebenfalls in Verbindung mit Speisen gebraucht wird. Die Herleitung von mittelhochdeutsch ›lappen‹ = ›schlaff herabhängen‹ ist ein wenig weit hergeholt.

lackiert ›Sich laggiern lasse, laggiert sei‹ = ›sich betrügen, anschmieren lassen, betrogen, angeschmiert sein‹. ›Da is mer ganz schee laggiert.‹ ›Da is mer de Laggierte.‹ Die Redensart ist wie ›auf den Leim gehen‹ der Vogelstellerei entnommen, wobei ›Lack‹ soviel wie ›Leim‹ bedeutet.

lang
lank ›Lang‹ kommt in verschiedenen Redensarten vor: ›Des is lang wie breit‹ = ›Das ist einerlei.‹ ›Des is lang goud‹ = ›Das ist gut genug‹. ›E lang Maul mache‹ = ›nach etwas lüstern sein‹. ›E Langmaul‹ ist ein vernaschter Mensch. ›Des Langmaul kann net genuch krieje.‹

läppern
läbbern [Schw] ›Läppern‹ heißt: ›in kleinen Zügen trinken, schlabbern‹ und hat die gleiche Bedeutung wie ›läppeln‹ (›lebbiln‹). ›Verläppern‹ = ›vertun, in kleinen Teilen verschwenden‹. ›Er hot sei ganz Geld durch die Gorjel verlebbert.‹ ›Sich zusammenläppern‹ = ›aus kleinen Teilen zusammenwachsen‹. ›Es lebbert sich mit de Zeit zusamme.‹ ›Leppern‹ ist eine Weiterbildung des niederdeutschen ›lappen‹ = ›lecken, schlabbern‹.

Lappes [M] Die verschiedenen Versionen von ›Lappes‹ bezeichnen nicht
Laps eigentlich einen ›Laffen‹, wiewohl ›Lappe‹ die niederdeutsche Form
Lapch von ›Laffe‹ ist, sondern einen schlaffen, keinen Widerstand bietenden
Labbes Menschen. Noch eindringlicher bringt das Schimpfwort ›Lapparsch‹ diese Haltung zum Ausdruck. Mit ›Sauflappes‹ (›Sauflabbes‹) ist schlicht ein Säufer gemeint.

lauern [Schw] ›Lauern‹ bedeutet im Hessischen nicht nur ›abpassen, auf
luern etwas im Hinterhalt warten‹, sondern auch ›lauschen‹, besonders ›heimlich lauschen‹ (im Vogelsberg und im Spessart). So z. B. in dem Sprichwort: ›Wer luert an der Wand, hert sei aije Schand.‹ ›Beluern‹ ist ›belauschen‹. ›An beluern‹ kann jedoch auch soviel heißen wie ›jemandem unerwartet eine herunterhauen‹.
In der Wetterau steht für ›luern‹ ›laubern‹ (und ›lupern‹), was dem niederländischen ›luipen‹ = ›heimlich lauschen‹ entspricht.

Läusknicker [M] ([w] ›Läusknickern‹). Dies ist die schöne Bezeichnung für eine geizige Person – sofern man sie nicht als ›Sparbreedche‹ (›Sparbrötchen‹) tituliert. ›Waaste woß, dou bist e recht geizig Oos, e rechder Läusknicker.‹ (Paul Quilling: ›Lustiges Sammelsurium‹, Frankfurt 1888.)

Link(s)datsch [W und m] ›Linkshänder‹, ›Tatze‹ steht hier anstelle von ›Hand‹. ›Linksdatsch‹ wird auch als Schimpfwort für einen linkischen, unbeholfenen Menschen gebraucht: ›Du dabbicher Linksdatsch!‹

lüftig ›Lüftig‹ ist Bestandteil sowohl des Fluchs: ›Daß daich der leaftige (lüftige) Daiwel hollt‹ als auch der Redensart: ›Der Kerl ëass vom lëaftige Daiwel‹, womit ein mit allen Wassern gewaschener, leichtsinniger Mensch gemeint ist. Ein ›Lüftling‹ (›Lefdling‹) ist in der Wetterau ein leichtsinniger Bursche, der sich um nichts Sorgen macht (siehe auch ›Schluri‹).

›Sie läaft ihrm brave Borsch devoh
Ean schafft sich dann dean Leftling oh!‹

(Peter Geibel: ›Humoristische Gedichte in Wetterauer Mundart‹)

lummerig *lummericht* ›Schlapp, mürbe, locker, schlaff‹ (weniger gebräuchliche Formen: ›lumm‹, ›lomm‹). ›Ihre lange Brüste weiß ich nichts andern zu vergleichen als zweyen lummerichten Küh-Blasen‹ (Grimmelshausen: ›Simplicissimus‹). ›En lummeriche Kerl‹ ist ein schlaffer, wenig unternehmungslustiger Mensch. In der Wetterau ist das Eigenschaftswort fast nur zur Charakterisierung eines Menschen zu hören. Von ›lumm‹ leitet sich das Zeitwort ›lummen‹ = ›schlottern, schlendern‹ ab, was besonders in der Zusammensetzung ›herumlummern‹ noch gebräuchlich ist.

lunze(n) *lonze(n)* Das vom mittelhochdeutschen ›lunzen‹ = ›schlummern‹ abgeleitete Wort ›lunzen‹ = ›ein Schläfchen machen‹ ist heute in dieser Bedeutung nur noch selten. ›Lonz dech‹ sagt man zu einem Kind, wenn es sich zu einem kurzen Schläfchen hinlegen soll.
Dagegen ist ›lenze(n)‹ (›linsen‹) in der Bedeutung von ›gucken, heimlich hinschauen‹ heute, besonders in der Frankfurter Gegend, sehr gebräuchlich. ›Du hast gelunzt.‹ Dieses ›lunzen‹ ist sicherlich auf ›linsen‹ = ›gucken‹ zurückzuführen; es mit dem Geblinzel des Halbschlafs in Verbindung zu bringen, ist unsinnig.

lutschen *ludsche* [Schw] ›Lutsche‹ wird in Hessen für genießerisches und behagliches Trinken gesagt. So heißt es im ›Datterich‹: ›Er sitzt uff seim Kanebee und lutscht Kaffee.‹ ›E Kaffeelutsch‹ ist eine Person, die nichts anderes zu tun hat, als Kaffee zu trinken. Zuweilen hört man auch ›e Lutsch‹, worunter eine faule, liederliche Frau zu verstehen ist.

M

Maabootche ›Maabootche‹, wörtlich ›Mainbootchen‹, werden in Frankfurt und Umgebung besonders große Schuhe genannt. ›Der mit seine Maabootcher, der braucht gar net laafe, der is gleich da.‹

mähre(n) [Schw] Das auf das mittelhochdeutsche ›mern‹ = ›mischen, umrühren‹ zurückgehende Zeitwort hat neben der ursprünglichen Bedeutung auch die von ›ärgerlichen Lärm machen, Unruhe stiften‹ angenommen. ›Der Boub hat die ganze Nâcht gemerrt.‹ (Wetterau)

Maikäfer ›Er hat's innerlich wie die Maikäwwer‹ wird von einem bedächtigen Menschen gesagt, der sich durch nichts aus der Ruhe bringen läßt.

Makke [M] ›Fehler an einer Sache, Beschädigung, Mangel‹. Das Wort wird im Zusammenhang mit Dingen, aber auch von Menschen gesagt: ›Er hat e Makke.‹ ›Makke‹ ist ein jiddisches Wort und geht auf hebräisch ›makkah‹ = ›Schlag, Wunde‹ zurück. Die Mehrzahl ›Makkes‹ = ›Schläge‹ ist heute ziemlich veraltet.

Mân(e) [W] ›Mâne‹ ist ein großer, geflochtener Korb. Das Wort ist aus dem Niederdeutschen ins Hessische gekommen, im Niederländischen hat ›mand(e)‹ dieselbe Bedeutung (vgl. auch englisch ›maund‹ = ›Handkorb‹ und französisch ›la manne‹ = ›Weidenkorb‹).
›Mande‹ kommt bereits in der deutschen Übersetzung der ›Piazza Universale‹ von Thomas Garzoni 1592 vor: ›Die Manden mit den Aeppflen‹. Paul Quilling benutzt ›Mahn‹ für ›Bett‹: ›Un dann geht's zeidig in dei Mahn.‹ (›Humoristisches Allerlei‹, Frankfurt 1883.)
Bekannt ist die Frankfurter Redensart: ›Mahne sin ka Kerb‹, was soviel heißt wie: ›Die Unterschiede muß man kennen!‹

Matte *Madde* ›Matte‹ ist soviel wie hochdeutsch ›Quark‹, der im Hessischen auch übergenau ›Käsmadde‹ heißt. Das Wort gibt es schon im Mittelhochdeutschen. Der ›Maddekuche‹, eine hessische Spezialität, ist der ›Käsekuchen‹. ›Sei Gesicht wor wie Keesmadde.‹ (Niebergall: ›Datterich‹.)

Maul ›Eim e (bees) Maul ahänge (oder, wie man in der Wetterau sagt: ›äem e Maul ônhenge‹) heißt: ›jemanden sehr stark beschimpfen, gegen jemanden ein böses Maul haben‹. ›Er hat em e Maul aagehängt.‹

Mensch [S] Mehrzahl: ›die Menscher‹: ›Mädchen‹. ›Sëi is e schîn (schönes) Mensch‹ (auch ›Weibsmensch‹). ›Da dünckt mich, ich hätte die Tage meines Lebens kein schöner Mensch gesehen.‹ (Grimmelshausen: ›Simplicissimus‹.) ›Mensch‹ ist auch die ›Geliebte‹. ›Er hot e Mensch‹. ›Sëi is sei Mensch.‹

metzeln [Schw] ›schlachten‹. Entstanden ist ›metzeln‹ aus dem mittellateini-

schen ›marcellare‹ = ›schlachten‹, was auf lateinisch ›marcellum‹ = ›der Fleischmarkt‹ zurückgeht. Von lateinisch ›marcellarius‹ = ›der Fleischverkäufer‹ leitet sich der ›Metzeler‹ ab, ein Ausdruck, der in der Wetterau noch für ›Metzger‹ üblich ist.
In der ›Metzelsuppe‹ (›Metzelsopp‹) werden die Würste und der zerteilte Schweinskopf gekocht. Bevor man sie serviert, rührt man noch etwas frisches Schweineblut hinein.

›Oweds bei d'r Metzilsopp
No d'r Desch der baikt sich
Stecker Flaasch as wäi mei Kopp...
Ach des Herz, doas fraikt sich.‹

(P. Geibel: ›Humoristische Gedichte in Wetterauer Mundart‹)

Mops ›Mops‹ hat im Hessischen die verschiedensten Bedeutungen: Erstens bezeichnet es wie im Hochdeutschen eine Hunderasse mit stumpfer Schnauze und verdrießlichem Gesicht (mhd. ›muff‹ = ›die Fratze, mürrisches Gesicht‹, ndl. ›moppen‹ und engl. ›to mop‹ = ›das Gesicht verziehen‹). Dann ist es auch ein Schimpfwort für einen mürrischen, verdrießlichen Menschen: ›e aale Mobs‹. ›Wort, Mepsche, wer zuletzt lacht, lacht am beste.‹ (Niebergall: ›Datterich‹.) Die Mehrzahl ›Meps‹ ist ein umgangssprachlicher Ausdruck für ›Geld‹. ›Her mit de Meps!‹

möpsele(n) [Schw] ›stinken‹. ›Möpselen‹ wird von verderbendem Fleisch gesagt, aber auch von einem Menschen, der sich nicht gewaschen hat. Die Herkunft des Wortes ist unsicher. Möglich, daß es mit dem ›Mops‹ zusammenhängt, gibt es doch auch die Redensart: ›Er stinkt wie en nasse Hund‹ (oder ›Fux‹). Vom Bock, dessen Gestank sprichwörtlich ist, leitet sich ebenfalls ein Zeitwort für ›stinken‹ her: ›böcksern, becksern‹, das jedoch heute veraltet ist.

Muck
Mugg [W] ›Muck‹ ist das ›weibliche Zuchtschwein‹. ›E Muck‹ kann aber auch als derbes Schimpfwort eine dicke, schlampige Frau bezeichnen. Im ›Dictionarium septem linguarum‹ des Ambrosius Calepini von 1613 (4. Ausgabe) wird lateinisch ›scrofa‹ mit ›Zuchtmog‹ übersetzt. Das Wort ist keltischen Ursprungs: irisch ›muc‹ = ›Sau‹.

Muffel [M] ›ein den Mund füllender Bissen‹. Häufiger noch als ›Muffel‹ ist das Diminutiv ›Müffelche‹. ›E paar Müffelcher kann ich noch vertrache.‹
Das Zeitwort zu ›Muffel‹ ist ›muffeln‹, was ursprünglich ›mit vollen Backen kauen‹ bedeutete, heute jedoch fast nur noch in der Bedeutung von ›hastig essen‹ oder im verächtlichen Sinn von ›kauen‹, besonders von alten Leuten, die keine Zähne mehr haben, benutzt wird. Darüber hinaus bezeichnet ›muffeln‹ auch undeutliches Sprechen, so als ob man den Mund voll hätte. ›Er hat was gemuffelt, verstanne hab ich nix.‹ ›Muffel‹ ist aus mittelhochdeutsch ›muntvoll‹ entstanden.

Mutz
Motz [W] ›mürrisches Gesicht‹. Daneben gibt es auch ›Mutzgesicht‹ (›Modzgesechd‹) oder ›Mutzsack‹, ›Mutzkopf‹. ›Der mit seim Motzkopp, da werd ja die Milch sauer!‹
Das Zeitwort ›motze(n)‹ (›mutze[n]‹) wird in der ursprünglichen Bedeutung von ›modern, faulig riechen‹ kaum gebraucht, dafür jedoch im übertragenen Sinn von ›verdrießlich dreinblicken, maulen‹. ›Er motzt de ganze Daach.‹ Das Eigenschaftswort dazu ist ›motzig‹ (›modzich‹). ›Mit dem motziche Mensche will ich nix zu dhun hawwe.‹ ›Mutz‹ (›Motz‹) geht zurück auf mittelhochdeutsch ›mot‹ = ›Schlamm‹ (vgl. englisch ›mud‹ = ›Schmutz, Schlamm‹).

N

nageln
nâle
naële [Schw] ›Jemanden vernageln‹ bedeutet soviel wie: ›ihn durchprügeln‹. ›Sie hawwe ihn ganz schee vernachelt‹ (Frankfurt). ›Der ëass owwer genâit worden‹ heißt in der Wetterau: ›Ihn hat man drangekriegt, er ist betrogen worden.‹

narhältig
nôrhellich ›Sparsam, geizig‹. ›Der nôrhellich Kerl setzt uff seim Geld wie e Gluck uff ihre Aier.‹ ›Narhältig‹ geht zurück auf mittelhochdeutsch ›naerlich‹ = ›knapp, spärlich‹.

Nassauer Die Bezeichnung ›Nassauer‹ für einen Menschen, der die Kunst beherrscht, sich freihalten zu lassen (zu ›nassauern‹), hat mit den Bewohnern Nassaus nichts zu tun. Wohl nannte man früher Studenten in Göttingen, die einen Freitisch hatten, ›Nassauer‹, was sich jedoch keineswegs auf die Studenten aus Nassau beschränkte. ›Nassauer‹ ist vielmehr als eine scherzhafte Weiterbildung von ›naß‹ zu verstehen, denn ›naß‹ bedeutete damals auch soviel wie ›unentgeltlich, umsonst‹. So spricht Thomas Murner von ›nassen Knaben, die viel verzehren und wenig haben‹. Auch ein starker Regenguß wird im übrigen scherzhaft ein ›Nassauer‹ genannt.

Naupe *Nuppe* *Noppe* *Nobbe* Das nur in der Mehrzahl gebrauchte ›Naupe‹ bedeutet ›heimliche Bösartigkeiten und Tücken, Unannehmlichkeiten, Grillen‹. ›Do raast (reist) er net for sei Bläsihr wäje, sonnern des hot sei bolidische Naube.‹ (Niebergall: ›Datterich‹.)

›Das hot sei Naupe‹ = ›Das hat seine Schwierigkeiten.‹ Das Zeitwort ›übernuppen‹ (›iwwernobbe‹) bedeutet soviel wie: ›Schwierigkeiten überwinden‹. ›Er hot die Krankheit iwwernobbt.‹

Für ›Naupe‹ bieten sich zwei etymologische Ableitungen an: Einmal kann man das Wort auf mittelhochdeutsch ›noppen‹ = ›stoßen‹ zurückführen; so nennt man Kühe und Pferde, die gern ausschlagen, ›noppig‹ (›nuppich‹). Wahrscheinlicher ist jedoch, daß ›Naupe‹ mit mittelhochdeutsch ›nop, noppe‹ = ›Wollknötchen‹ zusammenhängt. Daß Knoten Schwierigkeiten bereiten, muß nicht weiter erläutert werden. So gibt es auch die Frankfurter Redensart: ›Da is en Knote drin‹ = ›Das wird Schwierigkeiten geben.‹

nippen *nibbe* *neappe* [Schw] Das vor allem in der Wetterau und im Vogelsberg gebräuchliche Wort hat die gleiche Bedeutung wie ›nuckeln‹ = ›ein Schläfchen halten‹. Es geht auf mittelhochdeutsch ›nipfen‹ = ›schläfrig sein‹ zurück. Das ›Nippche‹ ist das ›Schläfchen‹. ›Ohne sei Nippche ëass mit dem Kerl nix ânzufange.‹

nuckeln [Schw] Neben den allgemeinen hochdeutschen Bedeutungen von ›saugen, lutschen‹ hat ›nuckeln‹ (vor allem jedoch ›einnuckeln‹) auch noch die von ›einschlafen, ein kleines Schläfchen halten‹. ›Ich war so mied, daß ich eigenuckelt bin.‹

›Nuckeln‹ ist wohl eine Weiterbildung von ›nucken‹, das sowohl ›nicken‹ als auch ›einschlummern‹ bedeutet.

Nudel [W] ›Kinderlutscher‹ und, im übertragenen Sinn: die ›Tabakspfeife‹,
Nutschel die für manchen so unentbehrlich ist wie der Lutscher für das Kind.
Nuddel ›Uff aamol kimmt do aaner her,
M'em Schlapphut uff dem Ohr
Un ging, die Nuddel in dem Maul
Als ob ersch wär, dorchs Dohr.‹

(Paul Quilling: ›Schrulle und Flause‹)

Das Zeitwort ›nuddeln‹, ›nutscheln‹ bezeichnet wie das Hauptwort ›Nudel‹ (›Nutschel‹) sowohl das Lutschen als auch das intensive Pfeiferauchen. Einer, der immer an seinem ›Fläschje zu nuddele hat‹, ist ein Säufer.

O

Odem [M] Nur in der Einzahl verwendet. ›Er is so gerannt, daß er ganz aus
Oddem em Oddem kam.‹ Das im Hochdeutschen so poetische ›Odem‹ ist im Hessischen ganz unpathetisch der ›Atem‹.

Olwel [M] ›Olwel‹ bezeichnet einen einfältigen Kerl und ist mundartlich von ›albern‹ abgeleitet. Stellt sich einer dumm an, so ist er ein ›Olwel‹ – und die Hessen gehen nicht gerade sparsam um mit dieser Bezeichnung! Eine Steigerung von ›Olwel‹ ist ›en dreikantiche Olwel‹ – schließlich sind auch beim Schimpfen aller guten Dinge drei!
Entstanden ist ›Olwel‹ aus althochdeutsch ›alwâri‹, mittelhochdeutsch ›alwaere‹ = ›gütig, freundlich‹, das sich durch Sinnverschlechterung zu ›albern‹ wandelte.

Orschel [W] Schimpfwort für eine dumme, täppische Frau. Das weibliche Pendant zu ›Olwel‹ (siehe dort). ›Die dumm Orschel hat mer grad noch gefehlt.‹
›Orschel‹ ist eigentlich die Verhessischung von ›Ursula‹. In der Mundart werden Vornamen oft als Schimpfwörter benutzt, so z. B. ›Hannes‹ = ›Dummkopf‹ oder Lips, die Abkürzung von Philippus,

in den Zusammensetzungen ›Drecklips‹, ›Saulips‹ = ›schmutziger, ungewaschener Kerl‹. Entsprechende Bedeutungen haben auch ›Dreckpeter› oder ›Säunickel‹.

P

Petter [M] ›Taufpate‹, ›älterer Verwandter‹, vor allem aber auch ›Großvater‹. ›Ich deckte meinen Petter vollends mit Wein zu.‹ (Grimmelshausen: ›Simplicissimus‹.)

›D'm Moppil-Jahn sei Pätter,
Doas eas e dicker, fetter,
E grower, reicher Bauer,
E Schnobber (Schnupfer) ean e Kauer.‹
(P. Geibel: ›Humoristische Gedichte in Wetterauer Mundart‹)

›Petter‹ geht zurück auf lateinisch ›patrinus‹ = ›der Pate‹.

Pidsch [W] ›Pfütze‹ (Mehrzahl: ›die Pidsche‹). ›Dapp net in die Pidsche!‹ Lateinisch ›puteus‹ = ›der Brunnen‹ wurde im Niederdeutschen zu ›pütt‹ mit der gleichen Bedeutung. Erst im Hochdeutschen kam es zu dem Bedeutungswechsel von ›Brunnen‹ zu ›Wasserlache‹.

Plümo
Blümo [M und s] Das ›Plümo‹ ist die aus dem französischen ›plumeau‹ entstandene ›Daunendecke‹. Im Französischen hat sich die Bedeutung des Wortes zu ›Federbesen, Flederwisch‹ verschoben.

power ›Arm‹ – eine Verhessischung des französischen ›pauvre‹ = ›arm‹. ›Er lebt in ziemlich powere Verhältnisse; wenn er mal huste muß, fällt em die Deck uff de Kopp.‹ ›Auspowern‹ = ›arm machen‹. ›Er is ganz schee ausgepowert. Wenn er sei Portmonee uffmacht, fliehe nur Motte raus.‹

pucken
puckeln
pockeln
paukeln [Schw] Das Zeitwort geht auf die Augsburger Kaufmannsfamilie der Fugger zurück. Der Eigenname Fugger war bis ins 18. Jahrhundert hinein eine gebräuchliche Bezeichnung für Großhändler und Reiche im allgemeinen. Daß die Fugger jedoch auch zum Schimpfwort für

Wucherer wurden, verdanken wir nicht zuletzt Luther. ›Gott‹, so schreibt er, ›gibt wohlfeiler und borgt freundlicher, denn die fucker und hendler auff erden thun.‹ Luthers Zorn hatte seine Gründe, waren es doch die Fugger, die Karl V. und damit die Gegenreformation mit Geld unterstützten.

Aus dem Hauptwort ›Fugger‹ entwickelte sich sehr bald auch das Zeitwort ›fuggern‹ = ›Handel treiben, schachern, wuchern, etwas heimlich entwenden‹, das in den verschiedenen Mundarten Deutschlands die unterschiedlichsten Formen annahm. Im Hessischen wurde es zu ›pucken‹, ›puckeln‹, ›pockeln‹, ›paukeln‹, aber auch zu ›fukkeln‹ und ›faukeln‹.

›Pucken‹ (›puckeln‹) bedeutet soviel wie: ›heimlich entwenden‹. Eine Frau ›puckelt‹, d. h. sie verkauft Gegenstände des Haushalts hinter dem Rücken ihres Mannes, um sich Geld für ihre Nasch- oder Trinkleidenschaft zu beschaffen. ›Fuckeln‹ dagegen ist ›heimlich entwenden, betrügen, etwas heimlich beiseite schaffen‹. Die schwunghaften Tauschgeschäfte nach 1945, als eine Stange Zigaretten ein Pfund Butter einbrachte, nannte man ›fuckeln‹. Aber auch beim Kartenspiel wird ›gefuckelt‹ (›gefaukelt‹), d. h. betrogen.

puddeln
pudeln

[Schw] ›im Wasser plätschern, mit Wasser spielen, baden, waschen‹. ›Puddeln‹ entstand wie die ›Pitsch‹ (›Pfütze‹) aus lateinisch ›puteus‹ = ›der Brunnen‹ (vgl. auch englisch ›puddle‹ = ›Pfütze, Pfuhl‹ und ›to puddle‹, das dieselbe Bedeutung hat wie hessisch ›puddeln‹).

Der ›Mistpuddel‹ oder einfach ›Puddel‹ ist der ›Mistpfuhl‹. ›Zieh Pudel Dappes de Maa brennt...‹, diese von Kurt Sigel als Titel zu seinen Gedichten in Frankfurter Mundart gewählte Redensart bedeutet soviel wie: ›Hau ab, du hast hier nichts zu suchen.‹ Meist sagt man jedoch in Frankfurt kurz: ›Zieh Puddel!‹

Auch der Pudelhund übrigens hat seinen Namen vom ›puddeln‹, war er doch ursprünglich für die Wasserjagd abgerichtet. Größere Schwierigkeiten macht die Ableitung von ›pudelnackt‹ (›pudelnackicht‹). Es kann sich einmal auf den Pudel beziehen, der geschoren erbärmlich nackt aussieht; es könnte jedoch auch einfach die Bedeutung haben: ›zum puddeln nackt‹. Es auf ›Puder‹ zurückzuführen, nämlich so nackt zu sein, daß kein Puderstäubchen auf einem zu finden ist, tut des Guten zuviel.

Q

quarren *gwarren* [Schw] ›weinen, plärren‹. Das lautmalende Zeitwort ist heute kaum mehr gebräuchlich, die dazugehörigen Hauptworte ›Quarre‹ = ›stets weinendes Kind‹ und ›Quarrsack‹ hört man dagegen durchaus noch öfters.

Quetsch(e) [W] ›Zwetschge‹. ›Quetschekuche mit Schlachsahn – des Herz läft mer iwwer.‹

›E Quetsch‹ bezeichnet im verächtlichen Sinn auch eine fette, schlampige Frau. Im hessischen Fußballerjargon ist die ›Quetsch‹ – oder die ›Pill‹ – der Fußball. ›Hol dei Quetsch, wir wolle e bisse bolze‹. Im übrigen ist die ›Quetsch‹ auch eine der vielen Metaphern für das weibliche Geschlechtsteil. Darüber hinaus muß sie schließlich zur Bezeichnung von schlaffen weiblichen Brüsten herhalten: ›Sie hat vielleicht e Paar Quetsche!‹

R

rabastern *rambastern* [Schw] ›streiten, zanken‹. ›Rabastern‹ entspricht dem schlesischen ›rabazen‹, das sich überall in Deutschland durchgesetzt hat.

Das ›Gera(m)baster‹ ist das ›Gezänk‹. ›Gestert war im Nachberschhaus e ganz schin Gerambaster!‹ (Wetterau). Man nimmt an, daß ›ra(m)bastern‹ auf mittelhochdeutsch ›raffen‹ zurückgeht, das ›zupfen‹ und ›raufen‹ bedeutete. Wenig wahrscheinlich ist die Herleitung von französisch ›rabattre‹ = ›niederschlagen‹.

Racker [M] ›Schaffer‹ im verächtlichen Sinn, ›Geizkragen‹, ›schmutziger, emsiger Kerl‹. ›Er is en beese Racker, immer nur schaffe und sonst nix. Da mecht ich net lewe.‹

›Racker‹ ist sicherlich auf niederdeutsch ›Racker‹ = ›Schinder, Abtrittfeger‹ zurückzuführen, das seinerseits aus niederdeutsch ›racken‹ = ›fegen, Abfall wegkehren‹ entstanden ist. Ob nun das Zeitwort ›sich abrackern‹ ebenfalls von ›racken‹ = ›fegen‹ oder aber von mittelhochdeutsch ›recken‹ = ›emporragen, steif sein vor Arbeit und Anstrengung‹ abzuleiten ist, sei dahingestellt.

Raffel *Zahnraffel* [W] ›Gebiß, Zähne, Mund‹. ›Mach dei Raffel ausenanner!‹ Man hört auch ›Geraffel‹. Das Zeitwort ›raffeln‹ bedeutet soviel wie ›sich geschwind bewegen‹, so daß ein klapperndes Geräusch entsteht. ›Raffeln‹ ist die hochdeutsche Lautstufe von ›rappeln‹.

Ranze(n) [M] ›Bauch‹, besonders jedoch der sichtbare, dicke Bauch. ›Sich 'n Ranze ôneasse (onfresse)‹ = ›sich einen Bauch anessen‹. ›Er hat sich en ganz scheene Ranze aagefresse. Er is jetzt so breit wie dick.‹ Die Verkleinerungsform ›e Renzi‹ verringert den Umfang des Bauches nicht, sondern offenbart lediglich ein liebevolleres Verhältnis zu ihm. ›Ranzen‹ geht zurück auf mittelhochdeutsch ›rans‹ = ›Bauch, Wanst‹.

ranze(n) ›Sich herumbalgen, sich verprügeln‹ – dies aber mehr spielerisch als im Ernst. ›Ranze(n)‹ ist das mittelhochdeutsche ›ranzen‹ = ›ungestüm hin und her springen‹. Neben ›ranze‹ hört man auch noch ›ratze(n)‹ mit der gleichen Bedeutung.
›Aaranze‹ (siehe dort) ist eine Zusammensetzung von ›ranze(n)‹.

rappeln *rabbele* [Schw] Zu den allgemein üblichen Bedeutungen kommt im Hessischen noch die von ›pinkeln‹ hinzu: ›Mußte mol rabbele?‹ Es wird jedoch fast ausschließlich von Kindern gesagt. ›Rabbelche‹ ist das entsprechende Hauptwort dazu. So sagt man statt ›rabbele‹ auch: ›e Rabbelche mache‹. ›Komm, mach dei Rabbelche!‹ Nicht sehr verbreitet ist die Bezeichnung ›Rabbel‹ für das Glied eines kleinen Jungen. In der Gießener Gegend sagt man ›rappeln‹ für ›läuten‹. ›Die Schell hot gerappelt.‹
›Rappel‹ wird auch als Verstärkung einiger Eigenschaftswörter benutzt. So gibt es ›rabbelderr‹, ›rabbelsteif‹, ›rabbelvoll‹, wobei die bezeichneten Objekte eben so dürr, so steif oder so voll sind, daß es ›rappelt‹.
Die Redensarten: ›es rappelt einem (im Kopf)‹ mit der Bedeutung von ›nicht recht bei Verstand sein‹ (so der ›Rappelkopf‹) oder: ›einen Rappel haben‹ gehen entweder auf lateinisch ›raptus‹ = ›Anfall, Benommensein‹ zurück oder aber auf französisch ›rêver‹ = ›träumen, irre reden‹, das im Mittelniederländischen zu ›ravelen‹ wurde.

ribbeln *riwwele* [Schw] ›in kleine Teilchen zerreiben, andauernd reiben‹. ›Er riwwelt die Hänn (Hände), statt e zu wasche.‹ ›Ribbel‹ sind Brotkrumen und Kuchenteilchen. ›Sei hun noch net emol e Riwwelche Brûd ze beiße.‹ (Wetterau.) Eine hessische Spezialität ist der ›Riwwelkuche‹, hochdeutsch der ›Streuselkuchen‹. In der ›Riwwelsupp‹ werden kleine Mehlklößchen gekocht. ›E Ribbelche‹ heißt soviel wie ›ganz wenig.‹ ›Es gab nix als e paar Riwwelcher.‹ Aber auch ein kleines, schwächliches Kind kann man hessisch ›e Riwwelche‹ nennen.
›Ribbeln‹ ist aus dem Niederdeutschen ins Hessische gekommen. Es geht zurück auf althochdeutsch ›riban‹ = ›reiben‹, was im Niederdeutschen zu ›ribbeln‹ wurde.

rolze(n) [Schw] eine Weiterbildung von ›rollen‹: ›ausgelassen spielen, sich im Scherz herumbalgen‹, aber auch: ›schäkern‹ (in diesem Sinn in Rheinhessen gebräuchlich). ›Rolzt net so erumm, ihr Schinneeser. Devô bleiwe die Hose net ganz.‹ Harmloser als ›Buweroll‹ (siehe dort) ist ›Buwerolz‹, ein Mädchen, das gern mit Buben schäkert.

roppe(n) *robbe* [Schw] ›rupfen‹. ›Roppe(n)‹ ist aus dem Niederdeutschen ins Hessische gekommen; dort heißt es ›ruppen‹. Es ist stammverwandt mit ›raufen‹. ›Die Haar kennt mer sich ausrobbe!‹
›Roppig‹ (›robbich‹) hat die Bedeutung von ›klein, verkrüppelt‹. In der Wetterau gibt es noch die Nebenform ›raupig‹ (›raubich‹) = ›rauh, unpoliert‹. ›En raubiche Kerl‹ ist einer, der sich nicht zu benehmen weiß.

röste(n) [Schw] ›Röste(n)‹ ist in der Frankfurter Umgangssprache ein Ausdruck für ›angeben, lügen‹. ›Er hat ganz schee was zusammegeröst!‹ Ein ›Röster‹ ist ein Angeber, ein Lügner. Neben ›rösten‹ im Sinne von ›lügen‹ kennt die Frankfurter Umgangssprache dafür auch noch ›kohlen‹, ›Sprich kloppe(n)‹ oder einfach ›kloppe(n)‹ und ›eim en schwarze Mann uff die Backe male‹, um nur die gängigsten Ausdrücke zu nennen. Daß ›rösten‹ metaphorisch für ›lügen‹ steht, ist unschwer einzusehen, ›röstet‹ doch der Angeber und Lügner die Wahrheit so lange, bis sie nicht mehr erkennbar ist. Auch die Bedeutung von ›kohlen‹ ist so zu verstehen.

S

salben *salwe* [Schw] ›Salben‹ hat neben der allgemeinen hochdeutschen Bedeutung im Hessischen auch die von ›prügeln‹. ›Den hawwe se ganz schee gesalwt.‹ Das reflexive ›sich salwe‹ ist ›sich betrinken‹. Häufiger ist jedoch noch ›sich besalwe‹.

Sau Die ›Sau‹ spielt in zusammengesetzten Schimpfwörtern eine dominierende Rolle. So sind ›Säuarsch‹, ›Säubutz‹, ›Säuigel‹ (›Säuichel‹, ›Säuîël‹), ›Säuhund‹, ›Säukerl‹, ›Säulips‹, ›Säumensch‹ (ausschließlich zur Charakterisierung einer entsprechenden Weibsperson) oder auch ›Säuschwanz‹ im Hessischen geläufige Bezeichnungen. Alle diese unmißverständlichen Schimpfworte haben sowohl eine konkrete, auf den Schmutz bezogene, als auch eine ins Sexuelle übertragene Bedeutung.

Schabell(e) *Schawell* [W] ›Schabell‹ ist das besonders in Frankfurt übliche Wort für ›Fußbänkchen‹. Schon Bettina von Arnim schrieb es frankfurterisch ›Schawell‹.
›So hole Se doch die Feuerwehr!‹ hat die Frää Riddekiehl gejammert un hat sich bei der wachsende Iwwerschwemmung uff e Schawell geflichtet.‹ (Adolf Stoltze, Sohn Friedrichs Stoltzes, 1842–1933: ›Humoresken in Frankfurter Mundart‹, Frankfurt 1901.)
›Schawell‹ (der Frankfurter zieht die Verkleinerung ›Schawellche‹ vor) geht auf lateinisch ›scabellum‹ = ›Fußbank‹ zurück.

schaffe(n) [Schw] ›Schaffe(n)‹ ist im Hessischen allgemein für ›arbeiten‹ gebräuchlich. Man geht also nicht arbeiten, sondern ›schaffe‹. Eine allgemeine Begrüßungsfrage lautet: ›Was schaffste?‹ Worauf man gewöhnlich zu hören bekommt: ›De Schornstan (Schornstein) muß raache.‹

Schambedaasch Hinter diesem Wortmonstrum verbirgt sich der französische Hanswurst: ›Jean Potage‹ – ein gutes Beispiel dafür, wie das Frankfurterische das Französische zuweilen abenteuerlich umgeformt hat. ›Er hot immer de Schambedaasch mache misse.‹ (P. Quilling: ›Schrulle und Flause‹.)

schebb
schëabb
›Schebb‹, das hochdeutsche ›schief‹, kommt in verschiedenen Redensarten vor: ›sich nach ebbes de Baa schebb laafe‹ = ›sich um etwas sehr bemühen‹ (Frankfurt); ›sich schebb un krum lache‹ oder einfach ›sich schebb lache‹ entspricht hochdeutschem ›sich schieflachen‹.

›En Schebbe‹ ist ein Schimpfwort. Gemeint muß damit nicht unbedingt ein schief gewachsener Mensch sein. Das Schimpfwort kann sich auf jeden mißliebigen Zeitgenossen beziehen. Bekannt ist die Drohung einer Mutter: ›Wann eiern Schebbe unsern Schebbe nochmal Schebbe nennt, do kann er was erlewe!‹

Scheckel ›E aal Scheckel‹ ist in Frankfurt eine alte Jungfer. Diesem Wort dürfte wohl jiddisch ›Schickse‹ (auch ›Schicksel‹) = ›Christenmädchen‹ zugrunde liegen, das auf hebräisch ›schikkaz‹ = ›als unrein verabscheuen‹ zurückgeht. Anders ist die Herkunft dieses Wortes kaum zu erklären.

schelle(n) Der Ausdruck ›Alleweil hat's geschellt‹ heißt soviel wie: ›Jetzt ist es aus.‹ Er entspricht der Frankfurter Redensart: ›Jetzt hawwe die Bosse (Possen) e Loch‹ = ›Jetzt ist aber Schluß.‹ Ursprünglich bezog sich die Redensart nur auf die Beendigung einer Arbeit.

schicken Zu den im Hochdeutschen bekannten Bedeutungen von ›schicken‹ treten im Hessischen noch die von 1. ›vorbereiten, tun, schaffen‹ (›Mëad dêm well aich naut ze schecke hûn‹ = ›Mit dem will ich nichts zu schaffen haben‹) und 2. von ›hinreichen‹ (›Das Geld scheckt nëit‹).

Schlappes
Schlabbes
Schlaps
Schlawwes
[M] Das von ›schlapp‹ abgeleitete Hauptwort bezeichnet einen nachlässigen, schlaffen jungen Menschen. Neben ›Schlappes‹ sind auch ›Schlapch‹ (›Schlabch‹) und ›Schlupch‹ (›Schlubch‹) üblich. Sie haben alle dieselbe Bedeutung wie ›Schlappes‹. ›En Schlawwes isser, sei Strimp zieje Wasser unn sei Hemd hängt aus de Hos.‹ Das weibliche Pendant zu ›Schlappes‹ ist die ›Schlappe‹ (›Schlabb‹, ›Schlabbe‹). ›Die aal Schlabb kimmt noch um in ihrm Dreck.‹

Die Tätigkeit des Nachlässigseins – wenn hier von einer Tätigkeit überhaupt die Rede sein kann – wird durch die Zeitwörter ›schlappe(n)‹ (›schlabbe‹) und ›schlappche(n)‹ (›schlabche‹) bezeichnet. Am häufigsten ist ›verschlappe(n)‹ (›verschlabbe‹) in der Bedeutung von ›verschlampen, verlieren‹, seltener ›verderben‹. Einen Menschen, der alles ›verschlappt‹, nennt man ›schlappich‹ (›schlabbich‹) oder auch ›schlapp(e)sich‹ (›schlabb[e]sich‹). Die Pantoffeln, aber auch die Schuhe schlechthin, sind in Hessen ›die Schlappe‹ (›Schlabbe‹). ›Ich jach dich, daß de die Schlabbe verlierst.‹ Unter ›Schlabbekicker‹ sind die Fußballspieler zu verstehen, die eher die ›Schlabbe‹ verlieren, als den Ball treffen.

schlecht Es gibt eine Faustregel zum Verständnis von ›schlecht‹. Ist das ›e‹ kurz, bedeutet ›schlecht‹ soviel wie ›schlecht, böse, schlimm‹. ›De Kerl is dorch un dorch schlecht.‹ ›Es werd em schlecht.‹ Wird ›schlêcht‹ jedoch mit sehr langem ›e‹ gesprochen, so hat es die Bedeutung von ›dumm, einfältig, töricht‹. ›En schlêchte Kerl isser, bis drei kann er zehle, un dann isser fertich.‹ Frankfurter teilen die Menschheit ein in ›Schlêchte‹ und ›Halbschlêchte‹, wobei die Einstufung als ›Halbschlêchte‹ fast den Charakter eines Kompliments hat.

›Schlêcht‹ wird in einer Reihe von Zusammensetzungen verwandt. ›En Schlêchtkopp‹ ist ein ›Einfaltspinsel‹. Als ›Schlêchtschwätzer‹ – einen, der dummes Zeug schwätzt – bezeichnet man in Hessen sehr gern seine Mitmenschen, schon allein deswegen, weil die eigene Meinung immer mehr gilt. ›Dumm schwätzen‹ heißt entsprechend ›schlêcht schwätze‹, auch ›schlêcht babbele‹. Das Hauptwort dazu ist ›Schlêchtbabbeler‹, weiblich ›Schlêchtbabblern‹.

Schlumpe
Schlumb [W] ›Schlumpe‹ ist dasselbe wie hochdeutsch ›Schlampe‹: eine unordentliche Frau. Die Bezeichnung wird durch die Hinzufügung von ›aal‹ noch verstärkt. Im Frankfurterischen heißt es: ›die Schlumbel.‹ Die Verkleinerungsform ›Schlumbelche‹ hat ausschließlich zärtlichen Charakter, wie überhaupt alle Verkleinerungsformen im Hessischen zärtlich zu verstehen sind, mag das Wort auch noch so eine negative Bedeutung haben.

Schlupch
Schlubch [M] ›leichtsinniger, durchtriebener Mensch‹. ›Schlupch‹ ist aus ›schlupfchen‹ (›schlubbche‹) = ›schlüfen‹ entstanden. Es wird

jedoch weniger gebraucht als ›Schlippche‹ (›Schlibbche‹). Um ein ›Schlippche‹ zu werden, dazu bedarf es nicht vieler Anstrengungen: Man muß nur in Frankfurt geboren werden. Die verbreitetste Bezeichnung eines Frankfurters ist nämlich (ob zu Recht oder zu Unrecht, das sei dahingestellt): ›e Frankfurter Schlippche‹ oder in der Mehrzahl ›Frankfurter Schlippcher‹.

Schluri *Schlori* [M] ›träger, nachlässiger, unzuverlässiger Mensch‹. ›Wenn de Schluri secht, er kimmt um acht, dann kannste sicher sei, daß er um zehn kimmt.‹

›Die Aerwet mächt'm goar ka Fraad,
S'eaß e fauler Flappg.
D'r Kerl eaß meat ahm Wort gesaht:
E Schluri ean e Schlapg.‹
(Peter Geibel: ›Humoristische Gedichte in Wetterauer Mundart‹)

Schluri stammt wie so viele hessische Wörter aus dem Niederdeutschen von ›slûren‹ = ›träge sein‹.

Schmier(e) Das nur in der Mehrzahl gebräuchliche ›Schmier(e)‹ heißt soviel wie ›Schläge, Prügel‹, und die Zeitwörter ›ausschmieren, abschmieren‹ haben die entsprechende Bedeutung von ›prügeln‹. Von ›schmieren‹ abgeleitet ist auch die Zusammensetzung ›Schmierlaps‹ (›Schmierlappe‹), die einen Menschen bezeichnet, der sich leicht beschmiert, einen schmierigen Kerl also. Vor allem nennt man jedoch jemanden, der in Liebesdingen sehr aufdringlich ist, einen ›Schmierlappe‹.

Schmus [M] ›dummes, leeres Gerede, Geschwätz‹. ›Babbel net so en Schmus!‹ Das Wort geht zurück auf hebräisch ›schmuoth‹ = ›Nachrichten‹ (Einzahl: ›schmuah‹).

Von ›Schmus‹ abgeleitet ist das Zeitwort ›schmusen‹, dessen ursprünglicher Sinn ›dummes, leeres Zeug reden‹ von der Bedeutung von ›Zärtlichkeiten austauschen, schmeicheln‹ verdrängt wurde. ›Er hat nix als Schmuse im Kopp.‹ Ein ›Schmuser‹ liebt den zärtlichen Umgang mit dem weiblichen Geschlecht. Ebenfalls auf hebräisch ›schmuah‹ = ›Nachricht, Gerücht‹ geht die Redewendung ›Schmuh mache‹ zurück, das ›betrügen‹ bedeutet. ›Mach mer kaan Schmuh!‹

schnaubig
schnäubich ›Wählerisch beim Essen und Trinken.‹ ›De schnäubiche Kerl hat alles stehe gelasse.‹ Das Zeitwort ›schnaube(n)‹ = ›sich die besten Bissen aussuchen‹ wird heute kaum mehr gebraucht. Das gleiche gilt für ›Schnauber‹ (›Schnäuber‹) = ›Leckermaul‹.
›Schnauben‹ in der Bedeutung von ›beim Essen und Trinken wählerisch sein‹ entspricht dem hochdeutschen ›schnauben‹, das ursprünglich auch ›schnüffeln, riechen‹ hieß. So führt das Grimmsche Wörterbuch ›beschnauben‹ = ›beriechen‹ auf. ›Schnäubich‹ in seiner heutigen Bedeutung geht also auf den Gedanken zurück, daß ein wählerischer Mensch erst an den Speisen riecht, ehe er sie ißt.

schnorren [Schw] ›schmarotzen, betteln‹, jedoch nicht im groben Sinne. ›Schnorren‹ ist die Kunst, auf Kosten anderer zu leben. Abgeleitet ist das Wort vom hochdeutschen ›schnurren‹, das im 18. Jahrhundert in der Bedeutung ›bettelnd herumziehen‹ ins Rotwelsche überging. Unter jiddischem Lauteinfluß wurde es zu ›schnorren‹. Wie es dazu kam, daß das Schnurren der Katze die übertragene Bedeutung von ›betteln‹ annahm, ist nicht eindeutig zu klären. Gemeinhin nimmt man an, daß die alte Nebenbedeutung von ›schnurren‹, nämlich ›schlechte Musik, Katzenmusik machen‹ die Bedeutung von ›betteln‹ vorbereitete, versuchten doch früher die Bettler, durch Musik die Mildtätigkeit der Leute zu wecken. Übrigens hat die Redensart ›schnorren gehen‹ das Zeitwort ›schnorren‹ fast verdrängt. ›Ihr Mann geht arweite, un sie geht schnorrn.‹

Schnorres [M] ›Schnurrbart‹. ›Er hat en Schnorres, da kannste Klimmziech drâ mache.‹ ›Schnorres‹ ist von niederdeutsch ›snurre‹ = ›Schnauze, Maul‹ abgeleitet.

Schnute
Schnud(e) [W] ›Maul‹ im verächtlichen Sinn. ›Ich haach der aa uff die Schnud.‹ ›E Schnud ziehe‹ = ›den Mund verziehen‹, besonders dann, wenn man beleidigt ist. ›En Schnudedunker‹ (wörtlich ›Schnutentunker‹) ist jemand, der gern ein Glas zum Mund führt, also ein Säufer. Schnute ist aus dem niederdeutschen ›snûte‹ ins Hessische gekommen, was dem hochdeutschen ›Schnauze‹ entspricht.

Schote [M] Die ursprüngliche Bedeutung ›Narr‹ ist heute nicht mehr üblich.

Schoude ›En Schote‹ ist vielmehr ein pfiffiger, durchtriebener Kerl (vgl. ›Schlippche‹). Das Wort geht auf hebräisch ›schôteh‹ = ›Narr‹ zurück.

schübbeln *schibbeln* *schiwweln* [Schw] ›rollen, wälzen‹. ›Es is zum schibbele‹ = ›Es ist zum Wälzen komisch.‹ Auch das Eigenschaftswort ›schübbelig‹ (›schibbelich‹, ›schiwwelich‹) = ›wälzend‹ bezeichnet die Reaktion auf Komisches, so in ›sich schiwwelich lache‹. ›Mir hawwe uns iwwer den Kloon (Clown) schiwwelich gelacht‹. ›En schiwwelrunde Kerl‹ ist ›ein kugelrunder Kerl‹, den man nur noch wälzen kann.
›Schübbeln‹ ist eine intensivierende Weiterbildung von ›schieben‹.

Schwadem *Schwaddem* [M] ›Dampf, Dunst, Nebel‹. ›Des war der vielleicht en Schwaddem, mer konnt rein gor nix sehe.‹ ›Schwadem‹ ist eines der vielen mittelhochdeutschen Worte, die im Hessischen noch gebräuchlich sind, während sie im Hochdeutschen schon lange außer Kurs sind. Mittelhochdeutsch ›swadem‹ = ›dicke Ausdünstung, Brodem‹.

schwoofe(n) [Schw] ›tanzen‹. ›Wir warn schwoofe.‹ Der ›Schwoof‹ ist entsprechend der ›Tanz‹. ›Schwoofe‹ entspricht dem hochdeutschen ›schweifen‹. Im 18. Jahrhundert nannte man beispielsweise die Tanzfiguren ›Schweifungen‹.

simuliere(n) *simelirn* [Schw] ›nachdenken, grübeln, auf etwas sinnen‹. ›Aich muß noch simelirn.‹ Das auf lateinisch ›simulare‹ = ›ähnlich machen, vorgeben, vorspiegeln‹ zurückgehende ›simelirn‹ kann nur auf ironischen Umwegen zu der Bedeutung von ›nachdenken‹ gekommen sein.

Solber *Solwer* [M] ›Salzlake, in die Fleisch eingelegt wird.‹ ›Solber(fleisch)‹ (›Solwerflâsch‹) ist gepökeltes Schweinefleisch, meist sagt man schlicht und bündig ›Solwer‹. ›Solwerknechelcher‹ (›Solwerknöchelchen‹) sind entsprechend gepökelte Schweinerippen. ›Gegewwe hat's Solwerknechelcher mit Senf und Ebbelwoi, um die Gorjel auszuschwenke.‹ ›Solber‹ geht zurück auf lateinisch ›sal‹ = ›Salz‹.

Speebrenner [M] Der ›Speebrenner‹, wörtlich ›Spänebrenner‹, ist ein ›Geizkragen‹. Das Wort stammt aus der Zeit, als die Petroleumbeleuchtung das Kerzen- und Kienspanlicht verdrängte. Der ›Speebrenner‹ blieb aus Sparsamkeitsgründen beim Kienspan. Vor allem verlangte er jedoch von seinem Dienstpersonal, daß es sich mit dem Kienspan begnügte.

spille gehn
schbille gehn [Schw] (auch ›spillen kommen‹ oder ›spillen sein‹) = ›schwätzen gehen, plaudern gehen‹. Die in den ländlichen Gegenden Hessens (Wetterau, Vogelsberg, Spessart) noch übliche Redewendung erinnert an Zeiten, als man sich abends nach der Arbeit gegenseitig besuchte, um ein harmloses Schwätzchen zu halten. ›Mer komme of en Awed schpille‹ (Vogelsberg). Die Tatsache, daß zuweilen aus einem Plauderstündchen ganze Schwatzstunden wurden, mag dazu geführt haben, daß sich heute mit ›spillen‹ ein leicht tadelnder Unterton verbindet.
›Spillen‹ liegt gotisch ›spillôn‹ = ›schwätzen, erzählen‹ und mittelhochdeutsch ›spellen‹ mit der gleichen Bedeutung zugrunde.

stäuben
schtâbe [Schw] ›Staub aufwirbeln, jagen, fortjagen‹. ›Aich schtâb dich zum Haus eraus‹ (Wetterau.)
›Stauben‹ geht zurück auf mittelhochdeutsch ›stouben, stöuben‹ und ist ein Faktitiv (Verbum des Bewirkens) von ›stieben‹.

sticksig
sticksich ›faul, modrig, muffig‹. Das Wort ist aus dem kaum mehr gebräuchlichen Zeitwort ›sticksen‹ abgeleitet.

Stöffche [S] So wird der Frankfurter ›Ebbelwoi‹ genannt, den man kennen muß, um ihn genießen zu können. Er hat den gleichen Charakter wie die Frankfurter selbst: herb, grob und herzhaft. Obwohl man schon im Altertum wußte, daß man aus Äpfeln und Birnen Wein herstellen kann, wurde der Äpfelwein als Volksgetränk erst gegen Ende des 16. Jahrhunderts erwähnt. Man trank ihn, als es mit dem Frankfurter Weinbau zu Ende ging, dessen Produkt ohnehin nur ein ziemlich saures Gesöff gewesen sein soll.
In ›Flora der Wetterau‹, die G. Gärtner, B. Meyer und J. Scherbius 1799–1801 in vier Bänden herausbrachten, ist zu lesen: ›In unserer Gegend, vorzüglich um Frankfurt, Offenbach, Hanau etc., wird seit einigen Jahren eine ungeheure Menge Apfelwein gemacht.‹ Daran

hat sich bis heute nichts geändert. Niebergall läßt seinen Datterich sagen: ›Die Brih (Brühe) hat so e ahgenehm Essigseire.‹ Auch hieran hat sich nichts geändert.
Daß man den ›Ebbelwoi‹ ›Stöffche‹ nennt, zeigt, welch nahezu philosophischer Wertschätzung er sich erfreut. Ihm zuliebe erfand man eine eigene Sprache: Man trinkt ihn nicht, sondern ›baaft, blast, robbt, bichelt, schwabbelt, schläucht und petzt die Schobbe (Schoppen) Ebbelwoi‹. So dichtet Friedrich Stoltze, der in allen Frankfurter Dingen das letzte Wort hat (neben Goethe, versteht sich):

›Wer nix uff Stoffche hält,
Da daut aam laad!
Nix so uff dare Welt
Mecht aam su Fraad.‹

So tiefsinnig man die Bezeichnung ›Stöffche‹ auch auslegen könnte, die Stoltzsche Schreibweise ›Stoffche‹ läßt vermuten, daß das Wort von ›Stofchen‹ herrührt, der Verkleinerungsform von ›stauf‹ = ›Becher‹ (althochdeutsch ›stouf‹, mittelhochdeutsch ›stübich‹ = ›Packfaß‹, beides geht auf mittellateinisch ›stopa, stupa‹ = ›das Faß‹ zurück).

strenze(n) [Schw] Die ursprüngliche Bedeutung ›sich anstrengen, strapazieren‹ ist kaum mehr gebräuchlich. ›Strenzen‹ steht heute synonym für ›heimlich entwenden, Kleinigkeiten stehlen‹. ›Er hot Ebbel gestrenzt‹ (Wetterau). Ein ›Strenzer‹ ist ein harmloser Dieb, der es meist bei Mundraub bewenden läßt.
Die Herleitung von ›strenzen‹ macht einige Schwierigkeiten. Mir scheint es eine Nebenform von ›strunzen‹ (siehe dort) zu sein.

strunze(n)
stronze(n) [Schw] ›herumstreunen, müßig umhergehen‹. ›Sie sin strunze gegange.‹ Die Zusammensetzung ›herumstrunzen‹ (›erumstronze‹, ›erimstronze‹) hat dieselbe Bedeutung. Entsprechend ist ein ›Strunzer‹ (›Stronzer‹) bzw. sein weibliches Pendant, die ›Strunzern‹ (›Stronzern‹), jemand, der sich bettelnd herumtreibt, ein Vagabund bzw. eine Vagabundin. ›Die aal Strunzern is immer uff de Achs.‹
›Strunzen‹ steht im Ablaut zu ›stranzen‹, das im Mittelhochdeutschen die Bedeutung von ›müßig umhergehen‹ hatte.

T

Siehe auch unter ›D‹.

tun
dhun
›Tun‹ wird – wie englisch ›to do‹ – zur Verstärkung eines Zeitworts benutzt: ›Ei, was mechste?‹ ›Ich dhu arweide.‹
Den Konjuktiv der Vergangenheit von ›tun‹ benutzt man im Hessischen gern bei Aufforderungen und Bitten: ›Dhede Se so ghud sei!‹ ›Dhede Se mer nur glaabe!‹ Analog dem Englischen wird es auch bei Fragen gebraucht: ›Dhun Sie sich mit eim ›f‹ oder mit zwei schreiwe?‹
›Aaner duhd dräume er dehd en Draum iwwer Versäumdes versäume en annerer dräumt er dehd versäume zu dräume daß er en Draum iwwer Versäumdes versäume dehd en dritter duhd dräume er dehd dräume daß er en Draum dräume dehd in dem er versäume dehd en Draum iwwer Versäumdes zu dräume alle dräume also sie dehde Gedräumdes iwwer Versäumdes versäume was awwer was soll wern wenn se versäume zu dräume daß se Dräum iwwer Versäumdes versäumt hawwe? (Kurt Sigel: ›Feuer de Maa brennt...‹)
Mit dem lapidaren ›dhun‹ bezeichnet man in Hessen auch die Ausübung des Beischlafs. ›Sie hawwe's gedhan.‹

U

umgewendet
immgewendt
Im übertragenen Sinn bedeutet ›umgewendet‹ ›verkehrt‹ vom Charakter und vom Benehmen. ›Der immgewendte Kerl kann mer gestohle bleiwe.‹ ›Immgewendt‹ tritt oft in Verbindung mit Schimpfwörtern auf: ›du immgewendte Hund!‹

undern
onnern
[M] ›die Zwischenzeit‹. In der Wetterau versteht man darunter die Zeit von 11–13 und im Vogelsberg von 16–17 Uhr.
Eine Vogelsberger Wetterregel besagt: ›Bann (wann) der Freidig gut Wetter well han, fängt's de Donnersdâk onnern schôn an.‹ In der Wetterau sind die Wendungen ›eam Onnern‹ = ›mittags‹ und ›iwwer onnern‹ = ›über Mittag‹ noch gebräuchlich. ›Onnern‹ zählt zu den mundartlichen Wörtern, die im Aussterben begriffen sind.

unschlecht ›Schlecht‹ im Sinne von körperlichem Unwohlsein. Das Präfix hat hier eine verstärkende Funktion. ›Es ëass me so unschlecht.‹

* *uräß* *ures* *ores* ›Überdrüssig‹, in der Frankfurter Gegend ›ures‹, in der Wetterau und im Vogelsberg ›ores‹ ausgesprochen. ›Uräß‹ ist zusammengesetzt aus ›ur‹, dessen ursprüngliche Bedeutung ›aus‹ war (gotisch ›us‹, althochdeutsch ›ur‹; schon im Mittelhochdeutschen taucht es nur noch als Präfix auf), und aus ›essen‹. Die alte Bedeutung von ›ausgegessen‹ verschob sich zu der von ›überdrüssig‹.

Das Wort existiert auch in den oberdeutschen Mundarten. So gibt es im Österreichischen das Zeitwort ›urass'n‹ = ›verschwenden‹ und im Bairischen die Redensart: ›Mir ist uräßig‹ = ›Mir ist (vom vielen Essen) übel.‹ Im Hessischen wird ›ures‹ (›ores‹) jedoch nicht mehr ausschließlich in Verbindung mit Speisen und Getränken gesagt (›Ich hô mich ûres gesse‹), sondern auch ganz allgemein: ›Ich bin die lange Warterei jetzt ûres.‹ ›Ures sein‹ verlangt den vierten Fall (Akkusativ) und nicht wie ›überdrüssig‹ den zweiten (Genitiv).

uze(n) [Schw] ›foppen, zum besten haben, necken‹. ›Sie hawwen (haben ihn) weche seiner Knollenas bees geuzt.‹ Der ›Uz‹ ist die ›Fopperei‹. ›Sei hotte ihr Uz med âem‹ (Wetterau). ›Uzen‹ ist zurückzuführen auf hebräisch ›ûz‹ = ›drängen‹. Die Herleitung von ›Utz‹, der Koseform von Ulrich, überzeugt dagegen nicht.

V

vermümbeln *vermimbeln* [Schw] ›etwas beschönigend verhüllen, bemänteln‹. Das Wort tritt oft in Verbindung mit ›vermambeln‹ auf. ›Er hat's, so goud es ging, vermimbelt und vermambelt‹ (Wetterau). ›Vermümbeln‹ leitet sich her von hochdeutsch ›mummeln‹ = ›etwas in den Bart brummen‹.

verputzen *verbutze* [Schw] meist verneint gebraucht: ›nicht ausstehen können‹. ›Ich kann de Kerl net verbutze‹ (Frankfurt und Umgebung).

verschmeiße(n) ›Verschmeiße(n)‹ bedeutet sowohl ›zerschlagen‹ als auch ›verprügeln‹. ›Sie hawwe ihn gottserbermlich verschmisse.‹

Volleul [W] ›Trunkenbold‹, aber auch ›Dummkopf, Idiot‹. Das Schimpfwort ist in Frankfurt sehr beliebt. ›Du aal Volleul, ei hettste doch im Wertshaus die Krenk krieht.‹

W

wabche(n) [Schw] ›prügeln‹. ›Wenn de so weiter mechst, kriehste ei gewabcht.‹ ›Wabche‹ ist eine Weiterbildung von mittelhochdeutsch ›wappen‹ = ›in schwankender Bewegung sein‹.

Wacke
Wagg(e)-schdâhn [M und w] ›Steine‹, vor allem ›Kieselsteine‹. ›Ihr sollt net mit dene Waggschdâh schmeiße!‹ In Frankfurt hat der ›Wackstein‹ oder ›Wackerstein‹ (›Wackstah‹, ›Waggerstah‹) die Bedeutung von ›grosser Stein‹. ›Wacke‹ ist das mittelhochdeutsche Wort für ›Feldstein‹. Es geht auf althochdeutsch ›wagon‹ = ›bewegen‹ zurück.

Watz [M] ›Watz‹ ist die Bezeichnung für ›männliches Zuchtschwein, Eber‹, es wird aber auch als Schimpfwort für einen dicken, fetten Mann benutzt. Die Redensart: ›Ich glaab, du bist vom (wilde) Watz gebisse‹ heißt soviel wie: ›Ich glaube, du bist nicht recht gescheit.‹

Wûl
Woul [M] ›Bösewicht, Verderber‹. ›Wûl‹ umfaßt eine ganze Reihe von menschlichen Lastern: So kann ein ›Wûl‹ ein gefräßiger, geiziger, grober oder schmutziger Mensch sein. Es tritt heute nur noch als Schimpfwort auf. ›Er ëass e rêchter Woul‹ (Wetterau).

wûle(n)
wüle(n)
woile(n) [Schw] ›unermüdlich arbeiten, sich aus Habgier abrackern‹. ›En Wûler‹ (›Wüler‹, ›Woiler‹) ist jemand, der sich aus Habsucht zu Tode arbeitet, ein ›Schaffer‹, wie man in der Umgangssprache sagt. Vermutlich hat ›Wûler‹ das alte Wort ›Wûl‹ (siehe dort) verdrängt.

Wurst
Worscht Die hessische Redensart ›Worscht widder Worscht‹ (Niebergall: ›Datterich‹) heißt soviel wie: ›Gleiches mit Gleichem vergelten‹, im guten wie im bösen Sinne. Sie entspricht dem französischen ›C'est chou pour chou.‹ Die Redensart rührt von der Sitte der Bauern her, sich gegenseitig von ihren geschlachteten Säuen Würste zu schenken.

Z

zackern [Schw] Das schon im Mittelhochdeutschen vorkommende Zeitwort ›zackern‹ (aus ›ze acker gân‹) steht im Hessischen allgemein für ›pflügen‹. ›Heint muß aich noch zaggern‹ (Wetterau).
Die Zusammensetzung ›herumzackern‹ bedeutet soviel wie: ›ohne Ziel und ohne Energie arbeiten‹. ›Zacker doch neit so erim!‹ Sich mit einem Menschen ›herumzackern‹ = ›es mit ihm nicht leicht haben, nur mit Mühe mit ihm auskommen können, sich mit ihm herumärgern‹. ›Was soll ich (mich) mit ihm herumzackern!‹

Zores [M] ›Zores‹ ist einmal ›Durcheinander, Wirrwarr‹, zum anderen ›das Gesindel‹. ›Der Zores kommt mer net ins Haus.‹ ›Zores‹ geht zurück auf hebräisch ›zarôth‹, die Mehrzahl von ›zarâth‹ = ›Bedrängnis, Not, Trübsal‹.

zwatzeln
zwadzele [Schw] ›ungeduldig zappeln, heftig die Glieder bewegen‹. Heute ist das Wort ziemlich veraltet. Dafür ist die Zusammensetzung ›verzwatzeln‹ (›verzwazzele‹) = ›aus der Haut fahren, sich vor Ungeduld nicht fassen können‹ sehr gebräuchlich. ›Ich wer vor lauter Warte fast verzwazzelt.‹ ›Zwazzelich‹ ist das Eigenschaftswort dazu. ›Ich bin ganz zwazzelig.‹ (Niebergall: ›Datterich‹.) ›Zwatzeln‹ ist aus ›zwackezen‹ entstanden, das eine Weiterbildung von ›zwacken‹ ist.

zwiebeln
zwiwwele [Schw] ›jemandem hart zusetzen, ihn scharf hernehmen‹. ›Zwiebeln‹ wird in dieser Bedeutung schon in Kaspar Stielers ›Teutschem Sprachschatz‹ angeführt. Die Tränen, die die Zwiebel beim Zerschneiden in die Augen treibt, mögen zu der übertragenen Bedeutung von ›quälen‹ geführt haben. ›Sie hawwe mich ganz schee gezwiwwelt. Es bleibt mer noch net emol Zeit zum am Kopp kratze.‹